I0026893

Cuidando da Família

Como Lidar com os Temas Difíceis da Intimidade Familiar

Esly Regina Souza de Carvalho, Ph.D.

TraumaClinic Edições

TraumaClinic Edições

2018

Cuidando da Família

Como Lidar com os Temas Difíceis da Intimidade Familiar

Esly Regina Souza de Carvalho, Ph.D.

TraumaClinic Edições

TraumaClinic Edições
2018

Título: **Cuidando da Família:** *Como Lidar com os Temas Difíceis da Intimidade Familiar*

© 2018 TraumaClinic Edições. Primeira edição
Todos os direitos reservados. É proibida a reprodução.

TraumaClinic
Edições

ISBN-13: 978-1-941727-68-3
ISBN-10: 1-941727-68-9

TraumaClinic Edições
SEPS 705/905 Ed. Santa Cruz sala 441
70390-055 Brasília, DF Brasil

www.traumaclinicedicoes.com.br
info@traumaclinicedicoes.com.br

Revisão: Camila Araújo
Arte: Ederson Luciano Santos de Oliveira
Layout: Marcella Fialho

Todos os direitos reservados. Nenhuma parte dessa obra pode ser reproduzida, arquivada ou transmitida de qualquer maneira ou por quaisquer meios sem a expressa permissão prévia da casa publicadora.

Apresentação

Este livro é um compêndio de temas que venho trabalhando em diferentes etapas da minha vida. Aqui reuni temas difíceis que nem sempre os cristãos querem abordar, mas que se, diante deles, não formos sal e luz em meio às nossas comunidades, quem será? Se nossas famílias não espelham a cura de Jesus, onde os nossos vizinhos, amigos e parentes irão encontrar isso? Quero não somente pontuar algumas dificuldades que enfrentamos nesse mundo caído, mas principalmente oferecer soluções, oportunidades de reflexão e de reparação.

O tema que costura estas páginas é a unção da cura e reconciliação. Como podemos ter relacionamentos saudáveis em família, levando em consideração a importância do pai, a convivência do casal, a tragédia do abuso sexual infantil, e o desafio de imitar a Cristo?

Nós, cristãos, precisamos falar destes temas difíceis porque o mundo está falando, porém não está transmitindo os valores que encontramos na Bíblia, nas palavras de Jesus. Ficar em silêncio não ajuda. Não resolve. Evitar os temas que nossos filhos e filhas, nossos cônjuges estão enfrentando não é boa solução. Somos seres humanos. Não podemos ser avestruzes divinas, escondendo-nos da realidade em que vivemos. Somos nós que temos que levantar a nossa voz profética e oferecer as soluções pelas quais Cristo pagou tão caro. É no Senhor que encontramos a paz, a unidade na diversidade, o bálsamo para nossas feridas, a coragem de amar nossos inimigos, e a força para dar exemplo aos nossos filhos.

Espero que as ponderações que compartilho aqui possam ajudá-los a vencer estes desafios. Não estamos sós. Não podemos vencer tudo isso sem a unção do Espírito Santo e sem a convivência com os irmãos e irmãs na fé. Precisamos uns dos outros. Precisamos arrumar nossas famílias, tão atacadas e fragilizadas por separações, brigas, violência e abusos. É na Igreja que temos que encontrar o consolo do Senhor. São os braços da Igreja que têm que envolver os feridos. Vamos buscar a cura para as nossas famílias para que possamos ser o bálsamo de Gileade para outros.

Conteúdo

A Importância do Pai

Acredito que as pessoas não têm uma ideia clara do tanto que o pai é importante. Quero compartilhar com vocês algumas observações para que entendam quão importantes realmente são os pais – genitores masculinos – na vida das pessoas, e como a sua ausência física e/ou emocional pode deixar lacunas sérias ou levar a distorções graves no desenvolvimento dos seus filhos. Também não quero apenas apontar os problemas, mas sim oferecer sugestões e recursos para fazermos melhor em nossa família.

Por que o pai é importante?

Em primeiro lugar, é o propósito de Deus que todas as pessoas tenham um pai. Assim como Deus criou Adão e Eva, Ele criou também Mamãe e Papai. Nunca foi Sua intenção que as pessoas se desenvolvessem sem os dois. Cada um cumpre uma função diferente na criação dos filhos. A cultura de mãe solteira que vem se desenvolvendo ao longo dos anos vai contra os propósitos de Deus. Quero deixar claro que Deus ama a mãe solteira. Ele se enternece com a sua situação e se oferece como Marido (Isaías 54); mas faz isso porque Ele sabe que essa não é a situação ideal.

Se os pais não fizessem falta, Deus não teria se dado ao trabalho de prover a Jesus um pai terrenal. O Senhor Deus colocou José na vida de Jesus não apenas para lhe dar uma legitimidade social, mas também para que ele fosse o pai que lhe criasse. Aos 12 anos de idade, vemos que José seguia presente e envolvido na vida de Jesus. Naquela época, os pais judeus eram encarregados de duas tarefas de enorme importância. Primeiro, eles tinham que ensinar uma profissão aos seus filhos para que tivessem como se sustentar, sustentar a sua família e não apelar ao roubo para a sobrevivência. Deveriam criar filhos produtivos. Segundo, também eram os pais que tinham que ensinar a Bíblia aos seus filhos. Não havia Bíblias impressas naquela época. Eram manuscritos copiados à mão através do grande esforço dos escribas; portanto, Bíblia se aprendia memorizando. Tinha que guardar a Palavra de Deus no coração, até porque poucos sabiam ler e escrever.

Sabemos que José cumpriu essas duas tarefas na vida de Jesus: deu-lhe a profissão de carpinteiro, como ele mesmo era, e lhe ensinou a Bíblia, porque vemos Jesus lendo as Escrituras de forma precisa e cômoda no decorrer do Seu ministério. Imagino as horas que os dois passaram juntos na oficina de carpintaria onde Jesus não só aprendia a serrar, mas também a memorizar a palavra de Deus.

É o pai que transmite a imagem de Deus Pai. Nosso vínculo emocional com Deus está diretamente relacionado com a nossa relação paternal, consciente ou inconscientemente. A forma como nos relacionamos com Deus tem tudo a ver com a forma como nos relacionamos com as nossas figuras de autoridade, especialmente o nosso pai. Se o pai foi severo e castigador, o filho cresce sentindo que Deus é assim também. Se o pai foi bondoso e carinhoso, vamos acreditar mais facilmente nas bênçãos de Deus. Muitas pessoas acabam tendo que curar sua relação com seu pai terrenal para poder desenvolver uma relação de intimidade emocional com Deus Pai.

Não há dúvida alguma que Jesus teve uma perfeita intimidade com Deus, mas devemos apreciar a pessoa de José na vida dele. Quantas horas passaram juntos na carpintaria? Quantas coisas ele ensinou para Jesus que vieram da sua própria experiência? Quanto tempo será que ele gastou investindo na vida de Jesus para que Ele tivesse uma profissão e tamanho conhecimento bíblico? Todas essas horas que ele gastava com Jesus transmitiam a importância que Ele tinha para seu pai e que sua criação era uma prioridade na vida de José.

A Bíblia também ensina que o homem é o cabeça do lar. Uns anos atrás eu ouvi no rádio voltando para casa, nos Estados Unidos, que quando um jovem conhece Jesus, em torno de 17% das suas famílias também se convertem. Quando uma mãe conhece o Senhor uns 24% das suas famílias se convertem. Mas quando o pai se converte, 94% das suas famílias seguem o Senhor. Acho que há uma mensagem nesses números!

Qual a família que não ama um pai transformado? Um pai que deixa de beber, um pai que deixa de bater, um pai que põe dinheiro dentro de casa, que ampara seus filhos, porque ele se converteu, conheceu Jesus, e agora espelha o amor e generosidade do Senhor. A família é muito obediente e, realmente, só deixa de obedecer quando o pai chega num ponto em que não dá mais para aguentar.

Aonde a cabeça vai, o corpo vai atrás. Aonde o pai for, a família seguirá. Quando o pai vai bem, a família costuma ser estável e estruturada. Quando o pai vai mal, a família tem que ir contracorrente para não arrastar a todos, e a esposa acaba assumindo uma carga que não é sua. A probabilidade que os filhos sigam o exemplo do pai, especialmente os meninos, é enorme.

Poucos sabem que é o pai quem define a sexualidade dos seus filhos e das suas filhas. Da mesma maneira em que o espermatozoide define o sexo do bebê que vai nascer, é também a confirmação masculina que vai definir a identidade sexual dos seus filhos e das suas filhas, segundo afirma Gordon Dalbey[1]. É o pai que vai reconhecer e afirmar a feminilidade da sua filha quando ela se torna mocinha. É ele quem se alegra e afirma o fato de ter chegado esta etapa do desenvolvimento da menina que se transforma em mulher. É o pai que afirma a masculinidade do seu filho e que ensina como ser homem pelo seu exemplo, guiando o menino no mapa da navegação à vida de homem adulto.

É o homem que faz a diferença.

Vivemos numa cultura de extremos masculinos: por um lado, pais abusivos, alcoólicos, violentos e, por outro lado, pais emocionalmente distantes e passivos. Nenhum destes extremos é bom. A saúde sempre está no meio termo. Um pai saudável é aquele que ampara seus filhos, cuida e protege, não apenas na questão financeira, mas também com sua amizade, carinho e intimidade emocional.

---

[1] Dalbey, G. (2003) *Healing The Masculine Soul*. Thomas Nelson

Uma das piores coisas que um pai pode fazer com seus filhos é "encarregá-los à minha esposa". Com a desculpa que a mulher é "mais sensível, entende melhor e sabe lidar melhor com as crianças", muitos homens evitam ter uma proximidade maior com seus filhos. Aí, quando os filhos não saem como o pai imaginava, a culpa é sempre da mulher que "não soube criar os filhos". Mas a criação dos filhos é tarefa dos dois. A filha que não recebe o afeto apropriado do seu pai, vai procurá-lo nos braços de outros homens (e daí se vê tantas moças grávidas antes da hora). O filho que não recebe a atenção e instrução do seu pai também procura o afeto nos braços de outros homens. Tornam-se filhos que pensam: *se ser homem é que ser que nem meu pai, eu não quero ser homem.*

É o pai que responde a Deus pela família. Um dia, quando estivermos diante de Deus, o Senhor vai perguntar: *você ajudou seus filhos a ficarem mais parecidos com Jesus? Você deu sua vida pela sua esposa? Você deu sua vida pelos seus filhos? Você amou sua esposa como Jesus amou sua Noiva e deu Sua vida por ela?* É um desafio enorme. É uma responsabilidade sem igual. Daí a importância de orarmos pelos homens, orarmos pelos pais. Não é justo ter essas expectativas (ou críticas) em relação aos pais sem também ter o compromisso de levá-los diariamente ao Trono de Deus em oração.

O que está acontecendo com os pais de família hoje em dia?

Creio que não há dúvida que os pais estão sendo atacados. O inimigo sabe muito bem o poder da família bem estruturada, a família que ora juntos, onde zelam uns pelos outros e onde o pai defende seus membros como um leão que mantém a guarda. Existe um propósito intencional por parte do inimigo de destruir as famílias. Acho que ninguém tem dúvida disso hoje em dia. Mas o ataque aos homens, pais de família, é ainda pior.

Além do mais, vivemos uma crise sem igual na masculinidade. Sabemos também que muitos pais não tiveram bons modelos de pai. Não sabem passar adiante aquilo que eles não tiveram. Daí cabe aos homens cuidar das farpas nos seus corações afim de serem livres e libertos para serem o pai que o Senhor intencionou.

Lutamos com maldições geracionais. Não acredito que seja apenas a nível espiritual; essas maldições também se expressam emocionalmente e vão sendo passadas de geração em geração. Pode ser a nossa geração que dará um "basta" nisso e buscará a cura para nossas almas, e não apenas para o nosso físico. Podemos lutar contra o ataque que sofrem as nossas famílias.

Que podemos fazer para mudar essa situação?

Em primeiro lugar, é preciso **tomar consciência** da situação e decidir fazer algo para mudá-la. Enquanto negamos a realidade ou a contribuição pessoal que ajuda a manter estes padrões disfuncionais, nada vai mudar. É importante reconhecer o que acontece e procurar curar as coisas dentro de nós, o que nos ajudará a mudar o nosso contexto.

Uma das coisas muito importantes que Deus vem falando ao meu coração nos últimos anos é que "**sem sanidade não há santidade**". Se quisermos andar nos caminhos que Deus traçou para nós, a Sua perfeita vontade, boa e agradável, teremos que procurar a cura e a sanidade para os nossos corações feridos. É muito fácil dizer que o problema é dos outros, mas enquanto eu não assumir a minha responsabilidade no problema, nada vai mudar. Quantos de nós carregamos as marcas de uma vida difícil da nossa infância? Mas nosso Deus é um Deus que possui sanidade/cura nas Suas Asas (Malaquias 4:2) e deseja profundamente nos curar para que possamos nos parecermos cada vez mais com o Senhor Jesus. Deus está comprometido com nossa santidade e fará tudo o que for necessário para nos levar a isso. E penso que é melhor que Ele faça com a nossa colaboração do que sem ela...

Também vai ser necessário encontrar **exemplos saudáveis.** Uma vez que comece o processo de cura emocional, é preciso aprender o que não se aprendeu antes. O Apóstolo Paulo dizia para "imitar o que é bom". Então, devemos procurar bons exemplos e imitá-los. Creio que a Igreja tem um papel fundamental nessa tarefa. Muitas famílias não têm um pai para servir de exemplo, então creio que outros homens na Igreja devem "adotar" filhos homens de mães solteiras ou divorciadas e procurar gastar tempo com eles. Seria importante que as Igrejas pudessem promover eventos onde os homens pudessem interagir com os homens mais jovens de forma curadora: jogos de futebol, tomar café ou um sorvete juntos, assistir a jogos juntos, retiros ou outras atividades onde os homens possam ter convivência. Muitas mães não sabem o que fazer quando não há um avô ou tio ou irmão mais velho que possa cumprir essa função na vida dos seus filhos homens. A Igreja pode dar essa contribuição. Apenas é preciso que homens saudáveis tomem o tempo de andar junto com aqueles que precisam da sua companhia.

Isso não vai acontecer sem esforço. Têm havido vários movimentos para desenvolver essa integridade saudável na vida dos homens, mas é preciso manter isso a longo prazo e não algo eventual ou esporádico. Precisamos assumir um compromisso onde possamos influenciar toda uma geração de homens para poder romper os modelos inadequados e oferecer os modelos bíblicos. Mais que tudo, oferecer o modelo do Perfeito Varão, o Senhor Jesus.

Está difícil encontrar isso. Está certo que a igreja brasileira hoje é composta em sua grande maioria por cristãos de primeira geração (Glória a Deus!). São pessoas que não foram criadas no Evangelho. Geralmente, não conheceram o Evangelho a partir de suas famílias. Então, realmente têm que arrumar muitas questões nas suas vidas para enquadrá-las cada vez mais nos desígnios de Deus. Por outro lado, outras pessoas que já vieram de segunda, terceira, quarta geração de Evangélicos, já conhecem os valores bíblicos. Eu mesma sou evangélica da sexta geração. Lembro da minha bisavó lendo a Bíblia na casa da minha vó. Isso me ajudou muito porque eu fui criada desde o berço nos valores cristãos. Eu sei que hoje continuo colhendo bênçãos das orações desses familiares pela minha vida. Meu avô era uma pessoa que orava todos os dias por todos nós (assim como minha sogra). Mesmo assim não foi fácil.

Não vou dizer que eu tive o lar ideal ou que meus pais foram perfeitos, porque não foi assim. O Evangelho não foi "vacina" contra o divórcio. Meus pais se separaram quando eu tinha uns 22 anos. Foi um casamento complicado. Eles tiveram uma relação difícil. Eu fiz uma má opção de casamento na primeira vez. Fui uma pessoa divorciada. Isso é bonito? Não. Deus me usou para abençoar outras? Usou. Mas se vocês me perguntassem se era assim que eu gostaria de ter feito, eu responderia que não. Eu queria ter feito as coisas no modelo perfeito de Deus. Gostaria de ter acertado da primeira vez.

Nosso Deus redime, restaura, resgata, edifica, emenda e remenda. Ele é cheio de graça, misericórdia, paciência e perdoa nossos erros. É um Deus que cata e põe no colo em face ao nosso arrependimento. Hoje tenho mais de 25 anos de casada com um homem filho de missionários na China, de uma geração de Evangelho até austero, um homem que assumiu minha filha como sua, meus filhos como seus netos. Nosso Senhor é um Deus da segunda chance, da segunda oportunidade. Mesmo assim, melhor é fazer certo na primeira vez. Começar as coisas de uma maneira em que possamos viver dentro do plano de Deus.

Também devemos pensar no **poder da oração na família**. Um casal que ora juntos tem o poder da oração. Quando oram juntos têm o poder da concordância. Muitos casais oram na igreja, oram sozinhos, oram com os filhos, mas nem sempre têm o costume de orar juntos como casal. É importante que ambos, marido e mulher, tenham a compreensão do poder da oração em conjunto como casal, como dois que concordam.

É o desejo de Deus que a nossa descendência seja santa e santificada para que possam seguir os caminhos do Senhor. Então o inimigo ataca as famílias para impedir este desenvolvimento normal e saudável no contexto familiar. Como o homem é o líder da sua esposa e filhos, ao atacá-lo, o inimigo *fere o pastor e as ovelhas se dispersam* (Zacarias 13:7). As famílias ficam capengas sem pai, e a mãe acaba tendo que assumir papéis que não são da sua alçada.

Uma coisa que tem acontecido muito é a **questão dos modelos** não apropriados de família. Antigamente, eu ficava muito indignada quando eu lia sobre como Deus visitava os pecados dos pais até a terceira e quarta geração dos seus filhos. Achava que isso não era justo. Mas à medida em que comecei a ouvir as pessoas no consultório, comecei a me dar conta de que é isso mesmo que acontece. Vivemos da mesma maneira que nossas mães, nossas avós e às vezes até como nossas bisavós. Esses modelos vão se repetindo. E apesar de falarmos muito em maldição espiritual, acho que também existem maldições emocionais, maldições transgeracionais. Esses modelos não-apropriados vão se repetindo, porque a única forma de aprender a ser mãe e pai que tivemos, foi a da família em que fomos criados. Esse foi o modelo que nos foi dado. E apesar de alguém "jurar de pés juntos" que quando casar não vai fazer como fez a sua mãe, como seu pai, vinte e cinco anos depois acaba se ouvindo falar igual, fazer igual, do jeitinho que disse que não iria fazer.

Por quê? Porque modelo incorporado é uma coisa muito forte. Uma pessoa só sabe ser mãe ou pai do jeito que aprendeu com sua própria mãe e com seu próprio pai. Por isso a importância de tomarmos consciência de que, se a minha forma de ser mãe, de ser pai, não é a forma que realmente quero transferir para meus filhos, então é preciso começar a mudar a mim mesma agora, antes mesmo de me casar. É preciso curar o coração, procurar novos modelos, e procurar pessoas que possam ensinar modelos melhores. É bom olhar ao redor e ver quais são os modelos de homens e de mulheres que se quer imitar, e começar a aprender a ser assim. Isso se aprende. Se aprendemos mal, podemos "desaprender" o que foi mal aprendido e aprender o bem feito. Deus nos deu essa capacidade. Nós não temos uma religião fatalista. Temos uma religião que nos diz que podemos ter uma relação pessoal com Deus através de Jesus Cristo e que Ele transforma nossas vidas. O cristianismo tem sido responsável por transformações sociais enormes no decorrer da história, porque o Evangelho tem poder de transformar a nossa sociedade, transformando um coração de cada vez.

Às vezes temos pais distantes, que não se vinculam emocionalmente com seus filhos. Acabam sendo ausentes, mesmo que vivam debaixo do mesmo teto. Antigamente os pais se escondiam atrás do jornal. Teve uma época em que se escondiam atrás do controle remoto. Sabe onde estão se escondendo agora? No computador e, mais recentemente, no celular.

Em uma pesquisa recente feita nos Estados Unidos, constatou-se que a grande maioria dos pais gasta 42 segundos por dia com seus filhos. O que você ensina em 42 segundos? Quando penso em José e Jesus na oficina de carpintaria, fico pensando que ali não foram 42 segundos. Não foram nem 42 horas nem 42 semanas e nem 42 meses. Ali foram anos. **Formar uma vida leva tempo.**

Para ser psicóloga é preciso estudar muitos anos na faculdade. Eu pessoalmente gastei muitos anos me especializando. Fiz mestrado e mais adiante um doutorado. Continuo me aprimorando para ser a melhor psicóloga possível. Mas para se tornar mãe, basta ter uma relação sexual. Não é preciso mais que isso. Acho isso incrível. Ser mãe e ser pai é muito mais importante do que ser psicóloga! Não tem nenhuma comparação. Então precisamos desenvolver esses modelos em nós e na Igreja, porque não existe nenhuma escola onde podemos aprender a ser pai e mãe.

Há coisas que todos nós precisamos para o pleno desenvolvimento emocional. **Precisamos de uma pessoa que nos ouça.** Quantas vezes escutei pessoas me dizerem: *Queria que meu pai tivesse me ouvido. Ele só precisava me escutar.* Todos nós precisamos ser ouvidos.

Precisamos de alguém que **nos reconheça e nos aprecie.** Por que são tão importantes as apresentações das crianças no colégio? É chato? Sim. Você vai? Óbvio. Eu vou. Sento lá para aplaudir. Por quê? Porque nossos filhos precisam saber que eles são importantes para nós. Amor se escreve: T-E-M-P-O.

Uns anos atrás saiu a expressão que não é a *quantidade* de tempo que se gasta com os filhos que vale e, sim, a *qualidade*. Isso é conversa para boi dormir. Nunca sabemos em que momento os filhos vão precisar de nós. Nunca sabemos em que momento a criança vai dar seus primeiros passos, quando vai cair seu primeiro dente e quando dirá suas primeiras palavras. Se você não estiver por perto, perdeu. Há momentos irrecuperáveis. Quem sabe estamos no trabalho, na igreja, em outro lugar, enfim, não estamos presentes. É verdade que é necessário qualidade de tempo com os filhos, mas também tem que haver quantidade. Eles precisam das duas coisas. Uma coisa não tem que excluir a outra. Queremos saber que existimos como **pessoas de valor para alguém.**

A seguir, quero compartilhar os sete hábitos de pais bem-sucedidos desenvolvidos pelo Pr. Don Wilton[2]. Observá-los pode nos ajudar a ver em que aspectos podemos melhorar e quais aspectos já podemos celebrar.

1. Seja amoroso. *Eu te amo* não deve ser uma expressão para se usar apenas em leito de morte. Aprenda a dizer isso *todos os dias* para seus filhos. Muitas pessoas chegam em meu consultório e dizem que só ouviram a mãe e o pai dizerem que os amavam quando os pais estavam para morrer.

Não.

Todos os dias devemos dizer para nossos filhos que os amamos e que eles são importantes para nós. No começo pode ser difícil, porque quem sabe não temos o costume, porque não disseram

---

[2] *7 Habits of Highly Effective Fathers, Don Wilton.*
http://www.theencouragingword.org/7-habits-of-highly-effective-fathers (7 *de setembro, 2018.)*

para nós. Mas é muito importante poder fazer isso. E, às vezes, somos nós quem podemos ensinar isso aos nossos pais.

2. Afirme os seus filhos. Confirme quem eles são. Reconheça o que eles estão fazendo. Admire, aprecie quando eles fazem as coisas bem-feitas. Diga isso a eles. A nossa tendência é só apontar e criticar o que está errado e quando fazem as coisas bem-feitas achamos que não fizeram "mais do que a obrigação". Mas não é isso que os princípios do comportamento humano nos ensinam.

A psicologia de aprendizagem diz que todo comportamento no qual colocamos atenção se repete. E a atenção pode ser positiva ou negativa. Então, se eu critico e ponho atenção na conduta inapropriada, *é essa a conduta que vai se repetir*. Mas não é essa a conduta que eu quero que se repita.

Temos então que aprender a reforçar a conduta dos nossos filhos quando eles fazem as coisas certas:

- *Minha filha, que bonito está esse desenho. Gostei tanto! Como você é capaz!*
- *Ah, perdeu o dente da frente? Não se preocupe. Você continua linda(o) mesmo assim.*
- *Vi que você agradeceu à professora. Achei tão legal! Que bom que você é uma menina generosa com suas atitudes.*

- *Eu vi quando você atirou no gol. Legal. Tá certo que o goleiro pegou, mas numa hora dessas tenho certeza que você fará o gol! Você vai longe!*
- *Sei que essa conta de matemática é difícil, mas você é uma criança inteligente. Você vai dar conta de resolvê-la.*

Cuide para reforçar não apenas a conduta da criança, mas também suas qualidades! É assim que se desenvolve uma autoestima adequada nos nossos filhos. Lembre-se que as crianças são sumamente obedientes. Se você disser a elas que elas não prestam, elas vão fazer besteira. Se você as chamar de burras, vão fracassar na escola. Se disser que são vagabundas... já entendeu, né?

Que tal procurar todos os dias alguma coisa que podemos reconhecer de bom em nossos filhos – e em nossos cônjuges também?

- *Marido, você fez isso tão bem feito!*

- *Amorzinho, você é tão carinhosa!*

Que tal admirar, confirmar, reafirmar, reconhecer? Dizer todos os dias o que as pessoas ao seu redor estão fazendo de certo, porque podemos mudar o comportamento até do nosso pai também.

- *Pai eu gosto tanto quando você faz isso comigo.*

- *Eu gosto tanto quando você fala assim comigo.*

- *Acho legal quando você me leva para a escola e vamos conversando.*

Enfim, procure uma conduta que você aprecia no seu pai, e reforce com o elogio todos os dias. No começo, talvez ele se espante, mas com o tempo ele vai repetir aquela conduta elogiada. Veja que podemos ensinar muitas coisas aos pais sem eles sequer se darem conta. Muitos pais não sabem por onde começar nem o que aprender. Você pode reforçar e ensinar dessa maneira.

Os pais também precisam estar presentes. Se eles estão ausentes, não resolve nada. Eles têm que estar não só fisicamente presentes, mas emocionalmente ligados e conectados com seus filhos. Nos dias de hoje, são tantas coisas que atrapalham a convivência, que é preciso uma decisão consciente, um esforço intencional de gastar tempo com seus filhos e filhas e com seu cônjuge.

3. Seja o seu mentor. Seja exemplo para seus filhos. Seja aquela pessoa que eles procuram quando precisam de ajuda ou de conselhos. Seja aquela pessoa sábia em quem eles podem procurar conhecimento. Muitos de nós temos ou tivemos pai e mãe sábios, em quem pudemos procurar ajuda. Todo mundo tem algo de bom. É saber como perguntar as coisas para nossos pais de forma que possamos aprender um pouco da sabedoria e experiência que eles também têm.

4. Saiba brincar com seus filhos. Muitos não querem sentar no chão, brincar, e é isso que muitas crianças precisam. Principalmente quando são pequenas. À medida que vão crescendo e ficando adolescentes, elas precisam "brincar" de outras formas. Então devemos continuar fazendo coisas junto com nossos filhos, de acordo com a idade em que estão e segundo o interesse deles.

5. Saiba liderar. Saiba tomar a frente das coisas e ser uma pessoa confiável.

- Meu pai vai me proteger. Ele não vai deixar que isso aconteça. Ele vai tomar decisões que vão me ajudar, e não decisões que vão me prejudicar.

Caso contrário, criamos filhos rebeldes. A melhor receita do mundo para se ter um filho rebelde é você ser injusto com ele ou ela, porque toda criança tem aquele senso de justiça e de injustiça muito afiado. *Não é justo que falem isso comigo; não é justo que façam isso comigo.* E se o pai retrucar: *Eu sou seu pai, faça o que estou mandando. Aqui mando eu.* Hmmm... Receita para rebeldia.

Liderar não é ser mandão. Não é ser general. Veja como Jesus liderou seus discípulos e *eles deram suas vidas por Ele.* Faça igual.

Nunca é tarde. Quem sabe você nunca aprendeu a fazer ou ser assim, por isso, nunca agiu com seus filhos como Jesus faria. Que tal mudar? Comece a conversar com os seus filhos. Se você errou, peça perdão. É libertador. Seus filhos vão lhe apreciar mais, e não menos. Tenta curar essas relações ainda em vida e, se possível, enquanto eles ainda moram em casa. Se seus pais ainda estão vivos, implemente essas sugestões com eles enquanto há vida e tempo.

6. Finalmente, oremos pelos nossos filhos e pelos nossos pais. Eu falo para os pais (e para as mães também) que todas as noites contem historinhas para seus filhos antes de dormir. Orem por eles e os ensinem a orar. Mas depois que eles estiverem dormindo, ore em voz alta, porque o inconsciente deles está ouvindo. É o momento em que eles estão mais vulneráveis e mais expostos para ouvir a palavra de Deus e a palavra do seu pai. *Meu filho, eu amo você, estou feliz por você estar em minha vida. Estou feliz que você esteja andando nos caminhos do Senhor, deixe-me dar-lhe a benção.* Estando eles dormindo ou acordados, ore pelos seus filhos, porque isso tem muito poder.

Oremos pelos nossos pais porque eles não souberam ser pais, ou não são nem foram os pais ideais. Fizeram o melhor que puderam com as limitações às quais foram sujeitos. Vamos orar por eles. O seu pai não é o pai ideal que você quer? Vamos orar por ele. Vamos orar e pedir que Deus toque em sua vida. Seu pai não está mais com você ou você não tem mais acesso a ele? Peça a Deus para colocar um pai adotivo em sua vida, um pai que possa preencher esses lugares vazios, essa necessidade emocional *legítima* que todos nós temos e que somente um pai pode preencher. Deus vai colocando em nossas vidas pessoas que possam fazer esse papel conosco.

Também é importante entender que **se o nosso coração não for curado, não podemos viver em santidade.** Se não curarmos as farpas emocionais do nosso coração, não teremos condição de viver em santidade. Essa é uma das razões pelas quais vemos tantas falhas, públicas inclusive, no meio evangélico. Porque as pessoas estão entrando em posições de liderança sem estarem prontas, sem estarem curadas. Precisamos de um tempo para curar o coração.

Nossos pais nos criaram da melhor forma que eles souberam nos criar. Eles não fizeram melhor porque não sabiam fazer melhor. Para viver melhor, precisa haver mais cura emocional. Quanto mais libertação no meu coração, quanto mais cura emocional, quanto menos farpas eu tiver, mais livre eu estou para viver em santidade, para viver a vida que Jesus tem preparada para mim e para viver e imitar a vida do Senhor Jesus. Existem coisas em meu coração que me impedem de viver em santidade. Às vezes, as pessoas dizem, "Essa pessoa é tão crente, tão ungida. Ela tem uma vida de oração tão forte. Como é que ela tem essa área de sua vida tão falha?" Porque nessa área de sua vida tem uma farpa que não está resolvida! E nessa área de sua vida não consegue viver em santidade – ainda.

Esse é o desafio de Jesus para nós. O Senhor vai vir buscar a Sua Igreja. Ele virá para buscar uma Igreja santa. Ele quer uma Noiva de quem Ele possa se orgulhar, bater no peito e dizer: *Olha a minha Noiva, olha que linda. Olha como ela está bonita, bem vestida, pura, branca, imaculada e sem rugas!*". (Amei a parte de "sem rugas"!)

Será que Ele pode dizer isso de nós? De mim? Nesse pedaço de igreja em que você se encontra hoje? Este é parte de nosso desafio. É aprender a caminhar em santidade. Precisamos andar em santidade como o Senhor Jesus. Ele nos deu esse exemplo. Então precisamos aprender a curar essas farpas em nosso coração de forma que possamos ser livres para aprender a vontade de Deus. O Senhor vai nos abençoar, porque Ele não sonega ninguém. Ele tem prazer em nos dar coisas boas.

Não é possível manipular Deus, negociar com Deus, barganhar com Ele, com a nossa conduta. *Eu faço isso e o Senhor faz aquilo.* Não é assim. Não vamos viver em santidade só para conseguir as coisas com Deus. Quando chegamos aos pés de Jesus, Ele nos pede tudo: o coração, a vontade, o futuro, o passado, nossa família, nossos desejos, tudo, tudinho. Mas Ele também nos dá tudo: a paz, a santidade, a alegria, o gozo do espírito, a longanimidade, tudo que é bom para nós, e nada que vai nos fazer mal.

Então vamos limpar nosso coração, nossa alma, nosso corpo, nossos pensamentos, de forma que possamos receber tudo de bom que Deus tem para derramar em nossas vidas. Vamos reconhecer nossas limitações e saber que muitas vezes existem coisas em nosso passado que deixaram suas marcas, mas que a verdade nos liberta. Quero animar as pessoas a buscarem ajuda, buscarem cura emocional, buscarem sarar essas farpas em seus corações. Não precisamos ter vergonha. Pensam que outras pessoas não passam por coisas parecidas? Eu entendo o que apóstolo queria dizer quando ele falava "e dos pecadores, eu sou o maior", porque quanto mais eu ando com Jesus, mais eu me dou conta de que sou indigna; mais eu me dou conta de que eu não mereço o que Ele dá, o que Ele fez e faz por mim.

Por outro lado, como sou agradecida por tudo o que Ele me dá, por tudo o que Ele fez em mim! Não é preciso ter vergonha em dizer que temos problemas, porque todo mundo tem. Nessa questão de pai, a maioria das pessoas tem problema. Se tem pai, se não tem pai, se tem meia dúzia de pai, se tem um irmão com cada pai. Não é preciso ter vergonha. Precisamos começar a curar essas áreas de nossas vidas para podermos dizer: *até aqui, basta! Deu! Daqui para frente quero que as coisas sejam diferentes. Em primeiro lugar, para mim. Em segundo lugar, para as outras gerações que possam vir depois de mim.* Então, quero encorajar as pessoas a buscarem ajuda emocional. Busquem ajuda em oração. Busquem ajuda em pequenos grupos que possam orar uns pelos outros, onde possam abrir o coração e ser curados.

Moreno (quem desenvolveu o Psicodrama) dizia que as pessoas adoecem nas relações e tem que se curar nas relações. Por isso ele desenvolveu a terapia de grupo. Só que Deus já tinha dito isso a nós. Ele já dizia que devemos amar a Deus acima de todas as coisas, e devemos amar o próximo como a nós mesmos. Só assim vamos curar nossos relacionamentos. É dessa forma que vamos também ser curados. Vamos trabalhar o perdão. Se precisarmos procurar terapia, procuremos terapia.

Finalmente, acho que temos que entender que precisamos aprender condutas novas. Se a forma antiga de fazer as coisas, de se relacionar, não funciona, continuar na mesma é bobagem. Continuar fazendo a mesma coisa que sempre fez, que faz mal, faz mal para os outros, não resolve. É preciso aprender coisas novas. Vamos aprender coisas novas para podermos romper com o poder do passado nas nossas vidas.

Sempre digo que no processo de cura emocional existem três momentos. O primeiro é o momento de diagnóstico, em que temos que identificar o que está acontecendo. O segundo, o momento terapêutico, onde curamos as farpas do coração, modificamos a percepção, perdemos a carga emocional das lembranças, podemos falar sobre aquilo. Mas o terceiro momento da cura emocional é a aprendizagem. Quanto mais sou curado, menos eu preciso trabalhar a cura e mais eu preciso trabalhar a aprendizagem de condutas novas. Conduta são coisas que aprendemos. Tudo que fazemos por um mínimo de 21 dias vira hábito. Para mudar é preciso criar novos hábitos.

Assim como desenvolvemos hábitos antigos que nos fizeram mal, agora temos a oportunidade de criar novos hábitos que nos farão bem.

Quantos de nós tivemos hábitos alimentícios péssimos e agora estamos aprendendo a comer salada, porque isso é bom para nós. É saudável. Se eu aguentar comer salada todos os dias durante um mês, eu vou até adquirir gosto pela salada. Mas não nasci comendo isso. Podemos começar com hábitos pequenos para podermos aprender novos hábitos de relacionamento: como falar com as pessoas, novos hábitos sexuais, alimentícios, deixar de se relacionar com pessoas de determinadas formas ou até deixar certas pessoas que nos fazem mal. Podemos aprender isso. Só precisamos querer. Esse é o grande desafio.

Certa vez li num livro sobre um pastor que era psicólogo nos Estados Unidos e autor de muitos livros. Falava em público e era muito famoso. Um belo dia ele teve um caso amoroso com uma paciente. Foi um baita problema quando se descobriu. Nos Estados Unidos, se você dorme com um paciente, você perde sua licença de praticar. Ele perdeu sua profissão, a forma que ele tinha de amparar sua família. Perdeu seu posto de liderança na igreja. Quase perdeu a esposa. Ela estava a ponto de se separar dele. Ela decidiu dar uma chance para este casamento porque ela reconheceu que ele realmente quis entrar num processo real, verdadeiro e sincero de restauração. Estabeleceram um comitê na igreja para acompanhá-los[3]. É uma história comprida e muito interessante.

Este psicólogo/autor ficou num processo de restauração durante dois anos. Saiu da liderança da igreja, perdeu seu trabalho, e teve que se submeter a uma série de regras de restauração. Voltou a ser ovelha na igreja, e procurou terapia para curar essa área do seu coração que permitiu que abrisse esse espaço para que tal coisa acontecesse. Precisou refazer sua relação com seus filhos e reconquistar a confiança de sua esposa.

Um belo dia seu pai foi visitá-lo. Ele nunca deu muita importância para a psicologia, mas já que o filho queria estudar, ele apoiava. O psicólogo já estava há mais ou menos um ano e meio em seu processo de restauração. Um dia, em uma conversa com seu pai, este lhe disse: *eu sei porque você cometeu adultério*.

Ele, como psicólogo, ficou interessado no que seu pai iria lhe dizer e esperou sua observação. Seu pai lhe comentou: *você fez porque você quis. Você teve vontade. Você cometeu adultério porque*

---

[3] Podem ler sobre como se estrutura um processo de restauração da liderança cristã no livro *Saúde Emocional e Vida Cristã*, de Esly Carvalho, publicado pela Editora Ultimato.

quis cometer adultério. Ninguém lhe obrigou. Ninguém colocou uma pistola na sua cabeça e disse 'faça'! Seu filho teve que concordar.

Muitas coisas na vida fazemos porque queremos. Depois se diz: *Ah, foi o diabo que me fez fazer essas coisas, foi o demônio.* Mas, na verdade, é algo dentro de nós que se chama carne pecaminosa, a semente do pecado. Fiz porque eu tive vontade de fazer. Eu não quis parar. Vamos assumir isso de uma vez.

Pensa bem: o que você estava fazendo lá atrás que lhe permitiu que tomasse o primeiro passo nessa direção? Existem situações em que uma vez que se embarca, é muito difícil parar. É preciso desembarcar lá trás, porque aqui na frente é tarde demais.

Sy Rogers dizia que não podemos ficar admirando as vitrines de Satanás sem achar que não vamos entrar e comprar. Se ficar olhando o que Satanás oferece a você, certamente você vai entrar no jogo dele. Temos que evitar essas coisas, romper essas questões dentro de nós.

Joe Dallas diz: *não subestime o poder da forma conhecida de viver.* A forma conhecida de viver é poderosíssima. É o jeito que eu sei viver. É bom? Nem sempre. Às vezes precisamos romper essas formas conhecidas de viver, e é difícil porque são hábitos novos que temos que desenvolver.

Quantas vezes vi mulheres em condição de violência doméstica que não saem da situação. Sabe por quê? É o jeito conhecido de viver. Lembro-me de uma moça que me disse que só aos 25 anos de idade descobriu que as pessoas casadas não mostravam amor através de tapas e golpes. Seu pai fazia isso com sua mãe e ela casou com um homem que fazia o mesmo com ela. Ela pensava que era assim que as pessoas viviam quando casadas. Ela não conhecia outro modelo.

Se você quiser criar novos hábitos, coloque atenção e esforço, porque não é fácil. Mas se você puder criar esses novos hábitos, eles vão se automatizando, e depois tudo fica cada vez mais fácil. No começo é difícil, mas com o tempo vai melhorando. Queremos encorajar os pais a terem novas condutas com seus filhos: colocar limites, com amor. Com afeto. Não serem nem consentidores demais e nem severos. Encontrar o meio termo.

Finalmente, **precisamos ser o exemplo**. Quem sabe significa mudar de vida. Admiro muito o apóstolo Paulo quando ele dizia "imitem-me a mim como eu imito a Cristo" (I Coríntios 11:1). Você vive assim diante dos seus filhos? Diante da sua esposa? Do seu esposo? É preciso muita integridade. Isso deve nos levar a um profundo temor a Deus. O fato de sabermos que nossos filhos vão nos imitar, deve nos abrir os olhos para a enorme responsabilidade que temos de viver uma vida santa e digna de ser copiada pelas outras gerações. Porque isso não termina com nossos filhos. É passado de geração em geração.

Hoje vivemos numa sociedade em que a pressão é grande para incorrermos em falhas morais, mesmo dentro da igreja. Precisamos orar: *Senhor, guarde o nosso testemunho. Guarde meu exemplo.*

Vamos imitar o que é bom. Vamos procurar bons modelos. Vamos imitar pessoas íntegras. Vamos ler os Evangelhos até conhecermos a vida de Jesus de cor. Vamos ver como Ele resolvia suas questões, como Ele se relacionava com as pessoas, como Ele respondia às pessoas. Vamos adquirir a sabedoria do Espírito Santo para podermos ser esse exemplo. Vamos permitir que o Espírito Santo vá modificando nosso coração, de forma que aquilo que sai de dentro de nós seja bom, seja imitável, seja digno de imitação, porque a boca vai falar do que está cheio o coração. Se meu coração estiver limpo, vou falar coisas limpas, a minha vida vai ser limpa. Mas se meu coração estiver cheio de sujeira e dor, o que vai sair é sujeira e dor. É assim. *A macieira não dá figos.*

Vamos limpar a fonte. Vamos permitir que Jesus mude o nosso coração.

Vamos adotar pessoas que não tiveram um bom exemplo e sejamos o exemplo que elas precisam. Se você precisa de adoção, procure quem lhe adote de coração. Acho que a igreja tem que entrar fundo no tema da adoção. É uma coisa tão maravilhosa, que o próprio Deus faz isso conosco. Se não tivemos bons modelos na família de origem, então a igreja tem que ser isso. Se você vê uma pessoa que você admira, chegue perto dessa pessoa, converse com ela, diga que está precisando de alguém que lhe ajude com relação a isso, alguém que possa investir em sua vida. Pergunte se ela aceita sair com você, almoçar de vez em quando, para conversarem. *Vamos cuidar do órfão de coração.*

Vamos gastar tempo juntos. Quem sabe você é uma pessoa mais resolvida, mais arrumada, então seja um desses mentores. Adote uma dessas pessoas jovens. Se você é um rapaz e vê esses meninos que estão se criando sem pai, adote você um desses rapazes. Leve para tomar um sorvete, para bater um papo. Jogue futebol. Converse. Fale das coisas que precisam aprender.

O importante é estar juntos, estar presente e estar amando, porque, em última análise, o que cura é o amor. Sempre falo isso. A pessoa pode ter todos os títulos no mundo, mas se não tiver amor, não resolve nada, porque o que cura as pessoas é o amor. É o amor de Deus derramado no meu coração que flui nos meus relacionamentos e me permite amar o outro com este amor. É este amor que vai preencher esses vazios emocionais no coração das pessoas. Por isso, temos que crescer no amor.

É o amor de pai, o amor do Pai, que cura.

Coisas que nunca se faz com
nosso cônjuge nos conflitos

Este é um tema delicado e difícil para se tratar. Na verdade, só vai ajudar realmente se você já tiver vivido um compromisso anterior.

Na verdade, casamos com uma pessoa que achamos que é aquela pessoa especial que Deus coloca na nossa vida, aquela pessoa com quem decidimos que realmente vai dar certo. Pensamos que isso é para o resto da vida. Vamos ter filhos juntos. Mas depois de um tempo, descobrimos que essa pessoa não é tão perfeita como imaginávamos. Vamos nos dando conta que casamento não é tão simples nem tão fácil como pensávamos que fosse.

O que queremos apresentar aqui são algumas regras básicas de briga limpa. Como podemos aprender a brigar limpo? Mas isso só funciona se há também um compromisso entre os dois de brigar limpo.

Quando nos casamos, nos casamos também com a família dele ou dela, a minha família, as famílias anteriores, as gerações anteriores. Enfim, tem muita gente envolvida neste casamento! Muitas pessoas vêm viver debaixo deste mesmo teto sem que nos demos conta. Só aprendemos a ser família com a família em que fomos criados. Por mais que se diga, *quando eu casar eu nunca vou fazer que nem minha mãe, nunca vou fazer que nem meu pai*, o modelo que se aprendeu, será o modelo a ser reproduzido.

Temos uma oportunidade de romper esses esquemas em que fomos criados se quisermos investir o esforço para tal. Mudar comportamento não é fácil porque exige mudança de hábitos. Não é fácil e a única motivação para fazer isso é o amor. Então, na medida que formos avaliando este tema, gostaria que você refletisse sobre o seu amor pelo seu cônjuge.

Uma das palavras chaves – e mal-usada – para o casamento dar certo é a palavra *submissão*. Primeiramente, quando pensamos na Trinidade, vemos que Deus Pai, Filho e Espírito Santo, estão perfeitamente submetidos um ao outro. São Um, mas se manifestam de formas diferentes. Desde a eternidade até hoje e para sempre *nunca* tiveram um desentendimento. Nunca tiveram uma má palavra entre Si. Nunca deixaram de pensar de igual maneira. Nunca discordaram. Sempre estiveram informando Um ao Outro perfeitamente o que estavam fazendo. Jesus mesmo dizia, *eu só faço o que eu vejo o meu Pai fazer* (João 5:19).

Dentro do corpo de Cristo, essa é a maneira que devemos viver: submetidos uns aos outros, valorizando uns aos outros mais que a nós mesmos, pensando no que é bom para a outra pessoa. No casamento o desafio é o mesmo: submetidos um ao outro, a esposa ao esposo e o esposo à esposa. Parece que em algum caminho perdemos o entendimento de que é preciso honrar mais ao outro do que a nós mesmos.

Temos visto muitos modelos de casamento compartilhados que não são bíblicos. O casamento não é a uma hierarquia militar; não é uma empresa, onde o marido é o chefe e a esposa é a secretária. Ele não é o capitão, o general, e as esposas são os "soldados". *Todos* somos soldados no exército do Senhor e nós temos que estar submetidos uns aos outros. Este é o modelo de Jesus. Ele é a cabeça da Igreja. Vemos um Jesus que veio para servir e não para ser servido (Mat. 20:28). Sua vida foi uma vida perfeitamente submetida ao serviço de outras pessoas, perfeitamente submetida ao Pai, fazendo o que Ele Lhe mostrava.

Portanto, essa é a base da nossa compreensão do casamento. Se um manda mais do que o outro, seja o homem, seja a mulher, a coisa não vai andar. Se um sempre tem que ter a razão e outro tem que perder, *todo mundo perde*.

Infelizmente, no nosso mundo contaminado pelo pecado, ocorrem os desentendimentos. Fatalmente, as pessoas têm suas desavenças, inclusive no casamento. Daí que é preciso aprender a brigar de forma limpa. Com isso vem também o compromisso de realmente querer se entender. Se alguém quiser ficar naquela de que *eu sou desse jeito; quando casou comigo já sabia que eu era assim; se quiser, muito bem se não quiser, amém...* Cuidado! Não tem casamento que sobreviva a uma atitude dessas.

A seguir, vão algumas sugestões que irão ajudar a essas pessoas que já fizeram o compromisso de se entenderem no casamento, custe o que custar. Quem sabe precisam de algumas ferramentas para poder viver melhor.

Lembro-me das palavras do pastor Derek Prince quando lhe pediram sua opinião sobre um pastor candidato para assumir uma igreja. Ele respondeu que não poderia dar sua opinião ainda porque não havia conhecido a esposa do pastor em avaliação. Ficaram sem entender e lhe perguntaram o que a esposa tinha a ver com a avaliação do possível pastorado do candidato.

Ele respondeu: *Porque a esposa é a glória do marido. Quando eu olho nos olhos de uma esposa, eu sei se esse marido está honrando sua esposa. Dá para ver se o marido está se esforçando para que ela seja cada vez mais parecida com o Senhor Jesus. Então, para poder dar a minha avaliação de um pastor, preciso ver se ele tem um bom casamento. Isso só se vê nos olhos da sua esposa.*

Leia as sugestões abaixo e decida se comprometer a aplicá-las no seu casamento.

1. Não levantar a voz para o cônjuge. Lembremos que levantar a voz é uma forma primitiva e dinossáurica de se comunicar. Tanto o homem quanto a mulher têm esse péssimo costume de achar que levantando a voz vai se resolver a situação. Mas, levantar a voz significa a tentativa de impor a vontade. É sinal de que se está começando a se defender. É verdade que quando alguém se sente criticado – e pior, pelo íntimo mais íntimo que é o cônjuge – a tendência é de se defender. Mas quando se começa a se defender, a outra pessoa para de ouvir. É nesse momento que paramos de ouvir o outro.

O que fazer? Contar até dez. É uma fórmula antiga e simples, mas vale a pena. Respira fundo. Pense se realmente quer dizer alguma coisa quando estiver com raiva. É comum ter que se arrepender e pedir perdão pelo que foi falado na hora da raiva.

Tem que ir atrás e arrumar a relação. Quem sabe feriu a outra pessoa desnecessariamente.

É umas das coisas que tem que se resolver cedo na relação conjugal: vamos lutar para nos entendermos, ou vamos brigar para ferir o outro? Porque neste caso, o casamento não vai sobreviver. A pessoa pode até estar de aliança no dedo. Pode até estar de papel passado, mas a relação conjugal começa a morrer. Vai morrendo, porque ninguém aguenta levar paulada dia após dia. A relação conjugal é como uma flor: se não aguar todos os dias, vai murchando. Se maltrata e arranca uma folha, vai morrendo, seja o homem, seja a mulher.

Sejam todos prontos para ouvir, tardios para falar e tardios para irar-se (Tiago 1:19). A Bíblia nos ensina que temos que ser rápidos para ouvir, e lentos para falar e para irarmo-nos. O que geralmente vemos nos casamentos com dificuldades é que está acontecendo o contrário: as pessoas estão falando rapidinho e isso produz muita ira. É preciso aprender a esticar o estopim emocional e verbal. Se ficar com raiva, pede um tempo para responder. Vá para o banheiro e respire, ore. Pense se vale a pena dizer tudo que tem vontade. Pense numa forma de dizer o que for preciso em amor. Pergunte para o Senhor e ouça o Espírito Santo.

2. Nunca levantar a mão para o outro. Quem sabe você se espante de eu falar disso em um livro para cristãos, como que se isso não acontecesse na Igreja. Mas é um dos segredos mais bem guardados do casamento. Muita gente pensa que jamais seria capaz de fazer algo assim, mas como psicóloga já ouvi as confissões de muitos cristãos, muitos pastores. Todos somos capazes de tudo, dependendo da circunstância.

Minha avó, de saudosa lembrança, dizia que *em mulher não se bate nem com uma flor*. Pode soar à moda antiga, mas ainda é verdade. Apesar de que em geral é contra as mulheres que se levantam as mãos, porém há casos onde o contrário também ocorre. Há outro provérbio português que diz: *Onde reina a força, o direito não tem lugar*. Quem levanta a mão em violência perde o direito. Nunca se justifica este tipo de comunicação.

Temos um pastor muito amigo que nos acompanhou no início do nosso namoro que fala publicamente dessa questão. Ele contou essa história. Quando se casaram, sua esposa tinha 17 anos e ele, 18. Ele fala da importância de pôr fim nisso na primeira vez. Ele tinha sido criado em lar evangélico e já era até consagrado pastor. Tiveram uma briga tão feia que ele levantou a mão para a esposa. De repente, levou uma paulada na cabeça com aquele sapado de plataforma bem alto que se usava naquele tempo. Diz ele que ali mesmo aprendeu a lição: *que nunca mais na minha vida eu poderia levantar a mão para a minha esposa, e nunca mais eu levantei.* É claro que as mulheres jamais devem deixar um homem fazer isso com elas, e não permitirem nem a primeira vez, já que é um comportamento totalmente inaceitável em qualquer tipo de casamento.

Infelizmente é mais comum do que se imagina. No meu livro, *Saindo Dessa*, falo inclusive dos ditados populares que ajudam a manter relações abusivas. Lembro-me de uma moça que me procurou e me contou que só depois dos 25 anos descobriu que a violência não era aceitável no casamento. Aprendeu no seu lar vendo seu pai golpear sua mãe e depois, no próprio casamento, seu marido fazia igual. Vivia num país onde se diz, *quanto mais me ama, mais me bate.*
Não.
A pessoa que se encontra numa situação dessas, às vezes tem dificuldade em sair. Não vê saída. Não tem para onde fugir ou teme o risco das consequências do marido se ele a encontrar depois. A Igreja precisa ser essa Torre Forte para onde as pessoas podem fugir e encontrar proteção. Jesus é nossa Torre Forte, mas os braços Dele somos nós, a Igreja. Daí que os nossos casamentos também têm que espelhar Sua paz e cuidado.

3. Não insultar o outro nem chamar o nosso cônjuge por nomes feios ou usar palavrões. Isso parece óbvio, mas é impressionante quando na hora da raiva as pessoas dizem coisas das quais depois se arrependem. Você consegue imaginar Jesus dizendo um palavrão para Sua Noiva? Não!

Mais uma vez, enfatizo que obedecemos às palavras que nos dizem. Se meu esposo diz que sou maravilhosa, eu começo a acreditar. Se ele diz que eu sou uma porcaria, também acredito com o tempo.

Não me esqueço de uma paciente que chegou no consultório muitos anos atrás. Comentou que seu esposo já havia tantas vezes lhe chamado de lixo, que ela já acreditava no que ele dizia. Lembremos que as palavras têm o poder de vida e morte. Escolha bem o que você vai dizer para seu cônjuge, porque ele/ela vai obedecer a suas palavras. Dizem que no Céu tudo que se fala acontece instantaneamente. Imagina se na terra isso acontecesse assim? Quem sabe acontece, mas leva mais tempo...

Parte da nossa tarefa é fazer com que o nosso cônjuge seja mais parecido com o Senhor Jesus. De que forma o seu amor pelo seu marido ou pela sua esposa tem ajudado para que ele ou ela cumpra seu destino em Deus? Suas palavras fazem com que seu cônjuge esteja crescendo no Senhor ou sua relação está murchando? Vale a pena parar para examinar.

4. Não deixar os temas pendurados sem resolução. Às vezes, é preciso interromper a conversa e deixá-la para depois, mas este "depois" precisa chegar. Deixar a coisa pendurada no ar, sem solução, ou sem procurar uma boa resolução, não é saudável. Pode não ser o momento de resolver, mas não procurar uma resolução significa que estão malfadados à repetição. *O que não se resolve, se repete.*

Podemos combinar de falar mais tarde, quando os ânimos estiverem mais calmos. Vamos evitar de sair batendo porta, porque isso não resolve. Podem combinar de falar disso amanhã de manhã ou quando estiverem sozinhos os dois. É bom mesmo marcar o horário, porque senão se perde a obrigação de resolver.

Aí vamos procurar conversar educadamente que nem mamãe ensinou, de uma forma polida e fina para poder resolver as coisas. Para muitas pessoas isso é um aprendizado.

5. Não deixar que o sol se ponha sobre a sua ira. Muitos casais deitam para dormir com raiva um do outro. Dormem sem se encostar um no outro, sem se falar. A Bíblia diz que isso não deve acontecer entre cristãos. Acho interessante o fato de que na tradução judia, quando o sol se põe, começa um dia novo. Em Gênesis, quando começou a criação do mundo, diz assim: *foi a noite, foi a manhã, foi o primeiro dia. Foi a noite e a manhã, o segundo dia.* Até hoje, para os judeus o dia começa ao anoitecer. Então acho interessante que Deus nos diz assim: *Olha, quando o sol começar a se pôr, vocês devem estar começando a resolver esse negócio.* Porquê? Está começando um novo dia e devemos procurar começar esse dia novo de uma outra forma.

Uma das coisas que a neuropsicologia tem nos ensinado e que vemos claramente no tratamento com Terapia EMDR[4] é que passamos a noite "pensando", sonhando e digerindo aquilo que nos acontece durante o dia. Ir dormir "de mal" com o cônjuge prognostica uma noite mal dormida. O cérebro passa a noite e vários ciclos do sono – e dos sonhos – tentando resolver as questões em aberto. É muito mais eficiente tentar resolver as coisas antes de pegar no sono, porque se dorme de forma muito mais proveitosa.

6. Respeitar as diferenças. Apesar de tudo o que se diz atualmente, os homens e as mulheres são diferentes. Até os estudos científicos e neuropsicológicos atestam essas

---

[4] Veja o livro da autora, *Curando a Galera que Mora Lá Dentro*. Também pode visitar o site de www.emdrtreinamento.com.br para maiores informações.

diferenças. Deus nos criou de forma diferente intencionalmente. É muito difícil conviver com o espelho. É a intenção do Senhor que no casamento possamos preencher e enriquecer o que o outro não tem. Procuramos alguém diferente com quem casar, só que depois de uns anos, em vez de privilegiarmos o diferente, começamos a denegri-lo. Não.

Deus é um Deus criativo. Nada no Seu mundo é igual. É Seu propósito perfeito que sejamos diferentes. É o que nos atrai ao outro. Mas quando começam os conflitos –porque certamente fazemos as coisas de forma diferente da outra pessoa – começam as queixas e reclamações. Daí a importância do respeito, e do respeito às diferenças.

Além das diferenças pessoais de cada um, há também as diferenças entre os homens e as mulheres. Parece que as mulheres conseguem fazer várias coisas ao mesmo tempo, e os homens têm uma forma mais linear, uma coisa de cada vez. As mulheres se expressam frequentemente com maior emoção, enquanto que os homens são mais cognitivos. Nenhuma dessas formas está certa nem errada. São as formas maravilhosas que Deus nos criou, e devemos respeitá-las.

Caso contrário as diferenças começam a nos separar. Não acredito muito em incompatibilidade de gênios justamente por essa questão. É importante ter essa percepção das nossas diferenças como um dom de Deus porque senão vamos começar a nos queixarmos do cônjuge: *ele é muito diferente, ela é muito diferente,* e não é isso que nos separa. É não saber lidar com as nossas divinas diferenças que desemboca em divórcio e não as diferenças em si. Lembrem que foram essas diferenças que nos uniram, nos atraíram um ao outro. Vamos aproveitar o que o outro sabe fazer melhor que nós, honrar isso, em vez de desrespeitar e reclamar disso. Essas diferenças vieram para enriquecer o nosso casamento. Cada um tem sua lógica, mas essa lógica não funciona igual para cada um. Mesmo o choro tem sua lógica, ainda que o outro não consiga entender isso. Mas tem. Por isso, o respeito pela forma que cada um(a) tem de se expressar é fundamental. Porque senão, as pessoas vão se fechando, o diálogo acaba e o casamento vai morrendo.

Aprendi que há duas coisas importantes no casamento que realmente ajudam a segurar a relação. Uma é a amizade. As pessoas subestimam a importância da amizade e o companheirismo. A gente precisa se casar com o melhor amigo, com a melhor amiga. Porque sexo vem e vai. Paixão vem e vai. Os filhos vêm e vão, mas é a amizade que vai segurar a relação. Se os dois estão em constantes brigas, a amizade deteriora, e depois quando os outros elementos acabam não fica nada para segurar a relação.

A outra coisa é o hábito de orar juntos como casal. Muitas vezes oram na igreja, com os filhos, sozinhos, mas não juntos. Saber que antes de dormir vão ter que orar juntos e colocar diante de Deus o que aconteceu durante o dia mete sobriedade no coração de qualquer um! Pense bem em como vão se aproximar para orar quando as coisas não estão bem, porque é nessa hora que mais precisam de oração. É o Espírito de Deus que vai amolecer cada um. Não tenha receio de ser severamente honesto com Deus. Ele já sabe, então o que adiante esconder ou fazer de conta?

A verdade é que a oração vai evitar muitos dos problemas que o casal enfrenta. Entregar seu cotidiano diariamente ao Senhor, consagrando seu dia e sua relação a Deus, vai ajudar a começar o dia de forma que as coisas possam estar sob a cobertura da Sua Paz. Sempre vão surgir as surpresas, o inesperado, mas se andarmos na Sua graça, vai ser muito mais fácil confiar na Sua solução também. Assim, cada um acaba se irritando muito menos com o que tem que enfrentar.

7. **Cumpra sua palavra**. Se você disser que vai fazer algo, faça. Se você vir que não vai dar para cumprir, é melhor voltar atrás

e renegociar do que deixar no pincel. Isso é uma das atitudes que mais criam problemas na relação, porque a pessoa nunca sabe se dessa vez o cônjuge vai mesmo cumprir com o combinado ou não. Fica muito complicado prometer e não cumprir.

8. Pare de tentar mudar o outro. Não funciona. Já tenho mais de 25 anos de casada, e posso assegurar a todos vocês que mudar o cônjuge é impossível! É um total desperdício de tempo e esforço. Ninguém muda ninguém. Então se você quiser que o outro mude, mude você primeiro e assim a relação vai mudando.

Também não adianta pôr a culpa no outro se as coisas não saem como você quer. É importante assumir a responsabilidade pelo que se faz de errado. A nossa tendência é ver o *argueiro no olho da outra pessoa e esquecer da trave no nosso olho* (Mateus 7:3). Uma das coisas que melhor funciona quando dá problema entre os dois é dizer: *perdão, a culpa é minha. Eu fiz errado.* São palavras mágicas. Quer salvar seu casamento? Aprenda essas palavras.

Assuma sua responsabilidade nos problemas em vez de querer obrigar o outro a se responsabilizar. Pensa. Realmente vale a pena brigar pelo tema em pauta? Algumas coisas precisam, sim, ter resolução, mas briga não resolve. Dizem popularmente:

você quer ter razão ou quer ser feliz? A Bíblia nos ensina a abrir mão de "ter razão". Tem alguém que foi mais injustiçado que o nosso Senhor Jesus Cristo? Há outras formas de resolver os problemas sem ter que provar que se tem razão, que um está certo e o outro está errado. Quando a gente obriga o outro a perder, todos perdem.

9. Não tentar controlar ou manipular o outro. É outra conduta bem perigosa. Cheira a enxofre. Costumo dizer que são condutas "primo-irmão" da bruxaria. Os feitiços são feitos para obrigar uma pessoa a ter uma conduta que outra pessoa deseja impor sobre ela. Ao querermos impor nossa vontade ao nosso cônjuge, entramos em território complicado. Quem controla e manipula é o inimigo. Ele é quem quer nos obrigar a fazer sua vontade. O Senhor é diferente. Ele diz: *aqui estão as suas opções. Você pode escolher entre o bem e o mal. Decida.* A saúde sempre está na possibilidade de se ter escolhas. Quando queremos controlar o cônjuge pelos ciúmes (*o amor não se arde em ciúmes* – I Coríntios 13:4), através da culpa, por medo de perder ou por qualquer outra razão, entramos em campo minado. Deus nunca abençoa o controle ou a manipulação.

10. Não interromper o outro quando estiverem conversando. Mamãe tinha razão: é falta de educação interromper. Por mais que se pense assim: *ah, mas eu já sei o que ele ia falar, já sei o que* *ela vai dizer*, ninguém lê pensamento. Interromper significa que já não se está ouvindo o outro. A pessoa parou de ouvir e está pensando em como vai responder. Já está querendo rebater a conversa, por isso a conversa não vai rolar. Vamos combinar de deixar um falar e o outro falar depois. Pode-se levar isso um passo mais adiante. Quando a pessoa fala, podemos responder assim: *Deixa eu ver se entendi o que você está querendo dizer. O que você está querendo me dizer é isso, isso, isso, isso e isso, é assim?* E a pessoa tem o direito de dizer se é assim ou não. Trata-se de uma forma de contar até 10. É uma forma de saber se realmente estamos ouvindo a outra pessoa. Essa forma de agir também oferece a possibilidade da outra pessoa pensar: *ah, realmente ela tá ouvindo; ele está prestando atenção no que eu estou dizendo.*

Já pararam para pensar no quanto Deus nos ouve? Ele nos dá o exemplo. Ele também nos diz que devemos ser lentos para falar e rápidos para ouvir. Tenho um amigo que dizia que Deus deu uma boca e duas orelhas e que devemos largar de ser tão jacaré, que fala com dente afiado, e mais elefante que tem orelhonas para ouvir. Tenho certeza que vamos viver melhor em família se formos mais elefantes que jacaré.

11. Outra regra fundamental é não utilizar as crianças nas brigas. Não transforme seus filhos em "menino de recado" e não use as crianças na briga de casal. Não brigue na frente das crianças, porque as crianças são muito sensíveis, e mais, quanto menores elas forem, pior. Se os seus filhos vivem doentes, pare para examinar o tanto que vocês estão brigando. Eu conheço muitos casais que no dia depois de uma briga, o filho vai para o pronto socorro com bronquite, ataque de asma, com dor de barriga, com dor de estômago. Não vou ao extremo de dizer que todas as doenças infantis têm causa emocional, mas muitas têm. Muitas crianças ficam deprimidas por ouvir seus pais brigando e as notas na escola caem. Ficam com medo que os pais possam se separar. Criança que está preocupada com a situação dos seus pais não tem espaço para absorver as quatro operações. Quanto do que se diagnostica como déficit de atenção pode ser pura ansiedade que a criança tem por medo da situação familiar? Devemos evitar as brigas, especialmente na frente das crianças.

Briga é uma forma inapropriada de comunicação. Sempre teremos conflitos. Somente a Trindade não tem conflito entre Si. Os seres humanos nem sempre vão concordar, mas isso não significa que precisamos quebrar o pau. Os desentendimentos devem ser discutidos na privacidade do quarto do casal para não sujeitar os nossos filhos às suas brigas. Pior ainda é pedir que filho tome partido. Isso é terrível! Às vezes o casal não pensa igual, e uma das lições importantes que podem aprender conosco tem a ver com a resolução dos conflitos: saber se desentender com respeito, mas saber também respeitar as diferenças e chegar a um acordo mesmo assim.

O que costumamos ver nas brigas do casal é que não são os adultos que estão brigando e, sim, suas "crianças internas". Alguma coisa no presente disparou condutas de antigamente. Todo mundo passa por experiências difíceis na infância e juventude que complicam a vida. Como resultado, é muito fácil apelar às nossas formas imaturas e infantis na hora da briga em vez de desenvolver conduta adulta. Todos temos uma "galera que mora lá dentro"[5] e na hora da briga, brigamos da forma em que aprendemos a brigar quando criança. Por outro lado, algumas pessoas aprenderam a se calar e não dizer absolutamente nada. Tampouco é uma forma saudável de responder. Tudo com medida. Se procurarmos curar as nossas crianças internas, poderemos desenvolver formas cada vez mais adultas de conduta. Isso vai evitar muita briga; nem sempre vai evitar os conflitos, mas com certeza vai evitar as brigas desnecessárias.

O conflito nem sempre é daninho. Pode ajudar a esclarecer as coisas se for bem manejado. Se pudermos admitir que não

---

[5] Veja o livro da autora, *Curando a Galera que Mora Lá Dentro.*

entendemos o problema, ou explicar – e ouvir – o que está acontecendo, podemos também procurar uma solução juntos.

Claro que isso significa que o casal tem um compromisso com a resolução, mas nem sempre as nossas "crianças internas" foram informadas que agora estamos casados, somos adultos e precisamos assumir e manter a nova aliança que fizemos com nosso cônjuge. Fica bem complicado tentar fazer acordos com alguém que não joga no mesmo time. Às vezes é preciso parar e resolver isso primeiro. Quando casamos, em geral, não há dúvida que jogamos juntos, mas no decorrer da relação, as mágoas, as feridas, a falta de entendimento faz com que cada um vá se protegendo do outro. Pouco a pouco acabam jogando em times opostos. Daí a relação não vai para frente deste jeito. De tempos em tempos talvez seja importante perguntar a nós mesmos e perguntar ao outro se estamos juntos nessa ou não.

Nessa vida vamos lidar com os conflitos, mas podemos fazer disso um aprendizado, um aprofundamento da nossa relação. As diferenças podem ser oportunidades de crescimento pessoal e conjugal, de um maior amadurecimento, se a gente tiver o bom senso de ficar jogando no mesmo time.

12. Não fazer "guerra fria". Infelizmente é muito comum que um dos cônjuges pense: *ah, vou mostrar para ela: não vou falar com* *ela até que ela peça desculpas.* (A versão feminina disso é privar o marido de sexo até ele "se portar bem". Hmmmm, cheirinho de enxofre... Manipulação.) Porque você não fala claro? Diga: *olha eu estou chateada, eu fiquei magoado, aquilo que você falou me feriu.* Isso é o que significa ficar com raiva e não pecar. Às vezes as pessoas até têm razão, mas a perdem pela forma de se comunicar. É mesmo muito difícil para a esposa transar com seu marido quando ele a insultou há poucas horas. É realmente difícil para o homem ser carinhoso com uma esposa que critica muito. Mas será que "guerra fria" é uma forma adulta de resolver o problema?

Eu morei vários anos no Equador. Lá há muitos grupos indígenas que convivem com sua cultura e seus costumes. Um amigo me contou que nesses grupos não costumava haver pena de morte, mas quando alguém cometia uma ofensa capital, os líderes decretam ao seu povo que a essa pessoa se iria *quitarle el saludo* – literalmente, tirar o cumprimento – àquela pessoa. Então, ninguém falava mais com o ofensor. Em pouco tempo ele deixava o grupo, ou as vezes até se suicidava. Então vocês podem imaginar que tipo de "castigo" é tirar o cumprimento ou a palavra à esposa ou ao marido. Pior com filho. É uma forma muito agressiva de comunicação, por isso se chama de comunicação passivo-agressiva.

Só se pode mudar a si mesmo(a). Então, vale a pena mudar algumas coisas para agradar o cônjuge? As pessoas brigam por besteira, por picuinhas. Tinha uma amiga que era recém-casada, e todos os dias o marido largava a toalha molhada no lado *dela* da cama. Era motivo de enorme irritação para ela. Várias vezes pediu para ele não fazer isso. Foi em vão. Em compensação, ela era *incapaz* de fechar uma porta de armário. Uma noite, o marido deitou na cama e *todas* as portas de todos os armários do quarto estavam abertas, e reclamou isso a sua esposa. Um dia ela teve um estalo e chegou a uma solução salomônica: falou para ele que daquele dia em diante ela iria catar a toalha dele, mas que em compensação ele teria que fechar as portas dos armários. Resolveu o problema. Cada um cuidava daquilo que lhe irritava.

A vida de casamento é feita de coisas pequenas, só que vivemos 24 horas por dia para o resto da vida junto com essa pessoa. Portanto, a vida de casamento é básica e principalmente feita dessas coisas pequenas. Se essas coisas pequenas não forem bem tratadas e bem resolvidas, viram problemas grandes com o tempo. Se não foram bem tratadas e bem cuidadas enquanto são sementinhas, vão virar aquela abóbora terrível que ninguém consegue mais engolir.

13. Não vamos também usar a família de origem do outro para atacar. A família é algo sagrado. Existe a lealdade familiar. Por exemplo, eu posso dizer o que eu quiser da minha mãe e do meu pai, mas se você disser, vai dar uma briga e briga de gente grande. Então, a regra áurea desde o começo do casamento é estabelecer que nunca se fale mal da família de origem da outra pessoa. Se for preciso falar algo, vão com muito cuidado, muito amor, pisando em ovos, porque é terreno minado.

14. Não utilizem sarcasmo ou ironia quando conversarem. São formas patológicas de comunicação. Quando se apela para o sarcasmo e ironia, encerra a conversa. Não tem mais o que dizer depois daquilo

15. Não fale mal do seu cônjuge para os outros. Já estive presente em muitas situações onde uma esposa ou um esposo começa a falar do que o marido ou a mulher fazem mal na frente do marido ou da mulher junto a amigos. É uma forma velada de mandar aqueles recadinhos: *ah, já que ele ou ela não muda em casa e não me escuta quando eu falo, quem sabe se eu falar na frente dos outros, ele ou ela vai mudar.* Isso é terrível. É uma forma de envergonhar a outra pessoa. O que acontece é que cada um fica com mais raiva, envergonhado, e os amigos ficam constrangidos. Mais uma vez, trata-se de uma forma de manipulação: tentando mudar o outro. Se pensarmos bem, o nosso marido ou a nossa esposa é nossa carne. É falar mal de nós mesmos.

A Bíblia diz que devemos honrar um ao outro. Como podemos fazer isso diante dos outros? Falando bem. Sei que há momentos que é preciso compartilhar algumas preocupações que se tem tido, e isso deve ser feito de uma forma privada e em contexto de confidencialidade, buscando ajuda; não em contexto de fofoca ou para envergonhar o outro. Falar mal do seu cônjuge diante de outras pessoas não vai levar a nada de construtivo.

16. Não usar sexo como forma de castigar ou ameaçar a outra pessoa. Os homens e as mulheres têm necessidades e formas diferentes de encarar o sexo, mas a Bíblia é muito clara ao dizer que não devem se privar sexualmente. Frequentemente eu ouço as mulheres se queixarem: *ah, mas ele só pensa naquilo!* E os homens reclamam que as esposas não se interessam o suficiente.

É verdade que as pessoas têm ritmos diferentes, como pessoas – seres humanos – e como homens ou mulheres. Além do mais, o casal passa por diferentes fases na vida: vêm os filhos, as noites mal dormidas com bebês, as preocupações de prover sustento para a família, doenças, dificuldades de trabalho, enfim, muitos desafios. Há períodos em que sexo tem mais ou menos importância no casamento, mas é a relação sexual que diferencia completamente os outros vínculos que temos. Não temos relações sexuais com os amigos e nem com familiares, e menos ainda com estranhos. Como cristãos, cremos que é uma relação privilegiada ao matrimônio e nos prometemos guardarmos somente um ao outro no dia do casamento.

É importante entender que há diferenças reais entre os dois. Os homens frequentemente sentem que para ter uma aproximação emocional e afetiva maior com a esposa, precisam primeiro ter relações. Em contraposição, as mulheres para terem sexo querem primeiro desenvolver os momentos de afeto e aproximação emocional. Então vira uma situação de ovo e galinha: qual virá primeiro?

Se pudermos entender essas diferenças, nosso relacionamento conjugal vai melhor. Podemos também transigir nessas questões, sabendo que tem dia que vamos ter relações primeiro para ter aproximação afetiva e outros dias em que será preciso fazer o contrário. Se os dois entendem isso podem ser mais flexíveis em relação à questão. Neste caso, ambos sairão mais satisfeitos com a relação. Usar sexo como forma de castigar o outro cai – mais uma vez – na questão de manipulação, ou pior, vingança, e esta, sim, pertence ao Senhor. Não é um bom lugar na vida querer se vingar da outra pessoa na questão sexual, porque é roubar a Deus.

Por isso, procuramos honrar a outra pessoa nas suas necessidades: há momentos em que as mulheres precisam ter relações com o esposo mesmo sem aquele sentimento mais afetivo. Também há momentos em que os esposos precisam respeitar o tempo e limitações pelas quais passam suas esposas. Se honramos ao outro acima de nós mesmos, o casamento vai para frente.

Sugestões para os casais poderem melhor se entender no casamento:

1. **Ouça com o rosto.** Certa vez ouvi o Pastor Tom Nelson da Denton Bible Church dizer que é preciso aprender a ouvir com atenção. Falou que é preciso ouvir com o rosto. Ele contou a história que um dia ele estava olhando futebol na televisão e a esposa estava tentando falar com ele. Ela queria resolver um assunto e ele lá, preso na televisão, vendo o jogo. Lá pelas tantas ela se plantou na frente dele e disse assim: *eu quero que você me ouça com o seu rosto.* Então ele se deu conta, apagou a televisão e disse: *tá certo, vamos conversar.*

O que significa ouvir com o rosto? Significa meu rosto, meus olhos inteirinhos voltados para a outra pessoa, ouvindo-a com atenção completa, e não com meia orelha. Significa não estar pensando no que está entrando no celular ou assunto do trabalho ou no que vai vestir de noite.

2. **Vamos cuidar de não endurecer o nosso coração para as mudanças.** Dizer: *ah, eu não vou mudar, as pessoas têm que me aceitar do jeito que eu sou,* é uma morte para o casamento. É preciso mudar sim. Sempre precisamos mudar. Só não muda quem está enterrado. Quem de nós pode dizer que já está pronto para ir para o céu? Quem pode dizer: *eu estou tão parecida(o) com o Senhor Jesus que eu não tenho mais nada para melhorar?* Vamos investir nas mudanças, em melhorar cada vez mais.

3. **Valorizar o tempo.** Existem certos benefícios que só se colhem com muitos anos de convivência. Leva vinte, trinta, quarenta anos. Há uma confiança que nasce da cumplicidade de muitos anos que só o passar do tempo oferece. Ter vivido crises juntos, com os filhos, com as finanças, com a igreja, com os amigos, com os familiares e no próprio casamento, faz com que exista uma relação de intimidade que somente o tempo desenvolve. É cada vez mais difícil encontrar casamentos com mais de 20 anos,

mesmo na igreja. Precisamos mudar essa realidade e cuidar da família. O divórcio rompe o desenvolvimento normal da família. Há casos extremos em que ele se faz necessário, mas atualmente as pessoas trocam de cônjuge com uma facilidade que assusta. Nossos casamentos deveriam ser o exemplo para outros seguirem.

4. **Não reaja ao seu cônjuge.** Reaja a Deus. Conte para Ele. Leve isso em oração ao Senhor. Lembre-se que a pessoa do Senhor Jesus Cristo vive dentro do seu marido, vive dentro da sua esposa. Você gostaria realmente de estar falando com o Senhor Jesus dessa forma? Se Jesus estivesse fisicamente presente, onde você pudesse vê-Lo, você diria essas coisas? Se você não faria com Jesus, não faça com o seu cônjuge. Faça aquilo que você faria se Jesus estivesse ali, porque Ele está presente. Ele está presente no seu cônjuge, especialmente naqueles casamentos onde os dois estão unidos pelo sangue de Jesus. Não devolva para seu marido, para sua esposa, na mesma moeda. *Ah, eu só vou tratá-lo bem se ele me tratar bem. Ela me maltrata tanto, ela é tão ruim comigo porque vou fazer alguma coisa para agradá-la? Olha só o que ele fez agora, olha só o que ela me aprontou...*

Não.

Lembrem-se que a lei de Jesus é diferente: é abençoar

aqueles que me fazem mal e orar pelos meus inimigos. Tem dia que os casais sentem que o cônjuge é seu inimigo(!). Então... vamos orar por ele ou ela. Vamos reagir de outra forma. Vamos aprender a reagir como Jesus reagiria neste lugar.

5. **Aceite a pessoa como ela é.** Aceitar não significa aprovar. Antes de casarmos, precisamos nos perguntar: *se essa pessoa não mudar mais nada para o resto da vida, eu posso viver com ela do jeito que ela é?* Essa é a pergunta fundamental. Agora, depois que casou, tem que aceitar que é desse jeito. A gente introduz mudança no casamento e através da mudança própria, não tentando mudar o outro. Quando tentamos mudar o cônjuge, o outro "ouve": *meu cônjuge não gosta de mim do jeito que eu sou. Não sou aceitável.* Você quer ouvir isso?

Se eu aceitar a pessoa como ela é, então ela pode começar a se sentir mais segura e mais protegida. Não vai se sentir criticada ou cobrada. Começa a baixar a guarda e quando a pessoa começa a baixar a guarda, daí pode-se começar a desenvolver uma intimidade e negociar soluções.

6. **Façam um compromisso que vão tentar resolver as questões que surgem.** Decidam que, seja o que for, vão

tentar negociar até conseguir encontrar uma boa solução. Nem sempre a solução é o meio termo. Às vezes as pessoas querem simplesmente uma solução rápida. Nem sempre é a melhor. É preciso ter paciência. Tem dia que tem que fazer do jeito do outro, porque é o melhor. O importante é buscar essa sabedoria de Deus. Quem sabe é preciso orar sobre o que está acontecendo e esperar no Senhor. Ver como Ele sugere solucionar. Não é uma questão de quem tem razão, mas qual é a melhor decisão para nós como casal, para nós como família e não só para nós como indivíduos. Se uma pessoa perde no casamento, todo mundo perde. Não existe essa coisa de que um perde, o outro ganha; quando um ganha, todo mundo perde. Não deve haver ganhadores nem perdedores, porque precisam estar submetidos mutuamente uns aos outros, tentando edificar a pessoa no Senhor Jesus Cristo.

A grande maioria das pessoas não sabe conversar de uma forma edificante. Isso é uma das coisas que será preciso aprender. O nosso casamento não vai ser melhor do que a nossa capacidade de resolver conflitos. Se tivermos uma boa capacidade de resolver conflitos, o nosso casamento vai caminhar. Se não aprendermos a resolver os conflitos; acabamos repetindo as mesmas brigas, tendo que solucionar os mesmos problemas, sem ir para frente. Um dia cansa, porque nunca sai daquilo. Nenhum dos dois rompe o ciclo daquela forma viciada de conversação. Aí é que mora o perigo da separação.

7. **Aprenda a pedir perdão.** Sabe como é que pede perdão? É assim: *Me perdoe. Perdão. Eu estou errada(o).* Poucas pessoas viram isso na vida familiar. Não são palavras fáceis de pronunciar. A tentação é pensar: *Ah, eu só vou pedir perdão se ele ou ela pedir perdão. Ele(a) que tá errado(a), então ele(a) que peça perdão primeiro.* Como disse anteriormente, mais vale a relação do que ter a razão. Eu posso até ter razão, e daí? O que ganho com isso? Meu marido ou minha esposa vai dormir comigo de noite? Vai amanhecer sorridente?

Não.
Meu cônjuge vai ter vontade de me ajudar com as tarefas? Com as crianças?
Não.
Então o que adianta ter razão e perder a relação? O que que adianta ganhar todas as batalhas e perder o casamento? É melhor tomar a iniciativa de arrumar a relação do que ficar batendo pezinho.

8. **Aprenda a perdoar.** Quando seu cônjuge lhe pedir perdão, diga outras palavras "mágicas": *eu te perdoo.* Isso faz muito

bem. A coisa está resolvida. Acabou. Podemos continuar dali para frente. Perdão é uma decisão e um processo. Nem sempre se "sente" perdão, mas é uma decisão. Vamos agir em função da decisão. Com o tempo os sentimentos vão enquadrando. Não significa que tudo ficou às maravilhas naquele segundo, mas a estrutura está criada para poder dar continuidade à relação de forma construtiva.

Sempre digo que o perdão é o grande azeite da relação. Vai haver conflito. Vai haver desentendimento. O que mantém o casamento é o perdão, este azeite do Espírito Santo. Significa dizer: *custe o que custar, eu vou me entender com você.* Se tiver que se humilhar e maltratar o ego, qual é o problema? De que serve um ego orgulhoso? Não foi o orgulho e a vaidade que fizeram com que lúcifer caísse do céu? Então para que serve isso? O Senhor Jesus se humilhou ao ponto de morrer em uma cruz. Aprendi com o Pastor Derek Prince que talvez seja uma boa oportunidade para humilhar o ego, para evitar a vanglória. A Bíblia nos ensina que devemos nos humilhar debaixo das mãos do Senhor, jogar fora o nosso orgulho e dizer: *Senhor, tu tens razão.* Então vamos fazer isso com o nosso marido, com nossa esposa.

As coisas que compartilhamos aqui são simples, mas nem sempre são fáceis. É parte do desafio de seguir Jesus. Quando entregamos nossa vida a Ele, entregamos também nossos direitos, inclusive o direito de ter razão. Espero que essas sugestões possam lhe ajudar a viver melhor como casal. Leiam este capítulo juntos e conversem sobre o que está escrito. Orem juntos. O poder da oração do casal é incrível! Se os casais orassem mais, brigariam bem menos. O Espírito Santo dentro de cada um jamais tem desavenças. É o grande segredo de um casamento feliz.

Perdão e reconciliação com casais

O que vem a seguir é uma descrição de uma técnica simples, mas poderosa para ajudar casais a desenvolver o perdão em suas relações. Um breve estudo de caso ilustrará sua implementação.

Sílvia e Geraldo estavam casados há 20 anos quando Sílvia marcou a consulta para vir buscar ajuda comigo. Ela me compartilhou que seu esposo era verbalmente abusivo com ela e com os três filhos; que ele havia se envolvido em uma relação extraconjugal há seis anos. Ele havia terminado a relação com a amante e optado por ficar no casamento, mas ela estava cansada de toda esta situação. Era sua última tentativa que de tentar salvar seu casamento antes de procurar um advogado para o pedido de divórcio. O fato de ser hispana e católica fazia com que fosse ainda mais difícil tomar essa decisão, mas ela estava decidida a encontrar a melhor solução.

Depois de pesquisar algumas das alternativas que Sílvia poderia escolher, ela decidiu fazer mais um esforço para salvar seu casamento, especialmente levando em consideração os filhos e os anos investidos na relação. Ela confrontaria seu esposo com a verdade, em amor; se ele não estivesse disposto a recorrer ao aconselhamento, ela daria fim ao casamento. Para ela não existia nenhuma esperança de mudança por parte dele sem ajuda externa. Sílvia saiu da sessão com confiança em si mesma e segura em relação à decisão que tomara. Essa não era uma falsa ameaça: ela iria cumprir com o pedido de divórcio se ele não viesse para terapia.

Na seguinte sessão ela compartilhou que havia conversado com seu esposo e que inicialmente ele respondeu negativamente. No entanto, depois de ir ao trabalho, pensar e, ao avaliar a perda emocional que iria incorrer com o divórcio, ele voltou para casa no fim do dia e disse que concordava em procurar ajuda.

Realizamos várias consultas onde ajudamos o casal a falar a respeito do que não ia bem na relação. Utilizamos a técnica do confronto terapêutico. Eles entenderam que precisavam falar mais um com o outro do que comigo. Sendo assim, pedi que se sentassem de frente um para o outro, olhando-se. Teriam a oportunidade de conversar sobre as coisas difíceis da sua relação, por que era importante esclarecê-las a fim de que houvesse progresso em relação à possibilidade de salvar o casamento. Eu expliquei para o casal que se eu ficasse em pé ao lado de um ou do outro e colocasse a minha mão no seu ombro, era sinal de que eu estaria falando *por* cada um como se eu fosse o cônjuge, utilizando a técnica do duplo, uma técnica comum no psicodrama tradicional. Eles poderiam dizer se concordavam ou não com o que eu dizia, e me corrigir quando necessário.

Na primeira sessão, tive que realizar muitos duplos, para ajudá-los a esclarecer os sentimentos guardados de cada um. Na verdade, os temas realmente eram bastante delicados para abordar sem ajuda externa. Com o desenvolver da terapia, foram cada vez mais capazes de assumir a responsabilidade por seus próprios sentimentos e pensamentos. Requeria-se cada vez menos a minha participação, e o casal havia aprendido a expressar com mais clareza o que ocorria dentro de cada um.

Uma das coisas que se tornou bastante óbvia durante a terceira sessão foram as marcas das experiências da infância abusiva do Geraldo: uma mãe alcoólica que várias vezes o perseguiu com um facão; numa ocasião o apunhalou no braço. Apesar de haver se arrependido depois, as feridas emocionais permaneceram. Também se lembrou, e até tinha comentado isso com seus filhos em alguns momentos em casa, que sua mãe costumava ignorar suas tentativas de expressar-lhe amor, a ponto de certa vez lhe repreender quando ele tentou beijá-la.

Eu sugeri para o Geraldo que trabalhássemos isto em uma sessão individual de terapia EMDR[6] para dar-lhe a oportunidade de processar essas lembranças dolorosas que impediam suas tentativas de amar os membros da sua família atual. Ele concordou e, com uma só sessão de EMDR, recebeu um enorme alívio das feridas emocionais ligadas a essa experiência difícil com sua mãe. Seu comportamento em casa, observado pelos demais, confirmava a mudança.

Depois de três sessões conjuntas, o casal sentiu que havia conseguido o que necessitavam para comunicar-se melhor e queriam seguir sozinhos em seu relacionamento.

Quando voltaram...

Depois de dois meses, Sílvia me ligou e disse que estavam tendo problemas outra vez e que queriam voltar para a terapia. Durante a sessão foi notório que ela tinha medo de confiar no seu marido e, portanto, mantinha uma distância emocional em relação a ele; temia que ele voltasse a seus antigos hábitos e que ela seria desapontada outra vez. Era muito evidente seu ressentimento para com ele devido à sua conduta anterior e por sua infidelidade. Ele, por sua vez, percebia que ela se afastava

---

[6] EMDR – Eye Movement Desensitization and Reprocesing, uma nova forma de tratamento das recordações traumáticas desenvolvido pela Dra. Francine Shapiro. Mais informações: www.emdrtreinamento.com.br

emocionalmente dele. Quando ele a sentia distante, descontava nos filhos. Quando ele descontava nos filhos, ela se afastava mais, e o círculo vicioso continuava cada vez mais forte.

Quando compreenderam essa dinâmica da relação, Sílvia entendeu como sua conduta contribuía para a manutenção do círculo vicioso. Todos se deram conta de que o problema básico era a falta de perdão. Mandei uma tarefa de casa para os dois, sabendo que a seguinte sessão era a última. (Essas sessões ocorreram dentro de um Programa de Assistência ao Empregado – segundo o modelo de seis sessões e a próxima sessão seria a sexta.).

"Por favor, cada um deve elaborar uma lista de todas as coisas que seu cônjuge tenha feito contra você. Sejam específicos. Pensem em todos os momentos juntos quando se sentiram feridos um pelo outro, ou, que lhes pareceram dolorosos. Quando terminarem de fazer a lista, quero que tenham um tempo de silêncio, que cada um, individualmente, leia a lista em voz alta para si mesmo e perante Deus, ou talvez queiram levá-la ao confessionário com o sacerdote (já que eram católicos praticantes). Não quero que mostrem as suas listas um para o outro. Isto ficará entre cada um de vocês e Deus. Esta é a lista das coisas que vocês necessitam perdoar um ao outro. Logo, quero que, com um fósforo, coloquem fogo na lista como uma oferta queimada, como um ato de perdão. Façam isto quando sentirem que estão dispostos a soltar toda a dor causada por seu cônjuge durante todos esses anos. Uma vez queimada, está oferecida. Não poderão voltar àquilo, como tão pouco poderão recuperar aquela folha de papel.

"Depois quero que façam uma outra lista: das coisas que vocês precisam pedir perdão um ao outro. Todas aquelas coisas que sentem que cometeram um contra o outro através dos anos, coisas pelas quais vocês precisam do perdão do outro. Façam esta lista; não compartilhem entre si, mas tragam aqui para a próxima sessão".

Os dois ficaram em silêncio enquanto pensaram na tarefa, mas concordaram em cumprir. Estabelecemos a data para o encontro, dez dias depois.

Quando voltaram, a esposa tirou sua lista da carteira. Ela nos contou que tinha feito a primeira lista e que tinha chorado durante três dias ao repassá-la, até que por fim pôde queimá-la e soltar aquelas lembranças. Desde então, havia sentido *uma verdadeira libertação. Ficou no passado. Acabou-se.* O esposo compartilhou que ele costumava perdoar no momento em que as coisas aconteciam e que não tinha guardado ressentimento em relação à esposa. Ele se esforçava diariamente em não "se preocupar com as coisas corriqueiras" e como resultado, não sentia amargura em relação a ela.

Continuamos com a segunda parte da tarefa. A esposa pegou a sua lista e começou a compartilhar com seu esposo: *Te peço que me perdoe por... todas as vezes que eu não fui amável ou compreensiva com você; quando não lhe dei apoio; quando me afastei de você e não confiei em você; e, mais que tudo, pelo ressentimento e a falta de perdão que eu guardei contra você durante todos esses anos".* Ela continuou com sua lista até terminá-la. Foi um momento de muita ternura.

Quando o esposo começou, ele comentou que não tinha feito uma lista por escrito, mas sabia bem o que tinha que dizer: *Eu quero lhe pedir que me perdoe, antes de tudo, pela minha infidelidade. Vivo cada dia consciente de quão profundamente lhe feri, a pessoa que mais amo e a quem mais aprecio, e que cheguei tão perto de perder, tanto você, quanto meus filhos. Quero que me perdoe todas as palavras mal-intencionadas e todas as frases humilhantes que eu lhe disse durante todos esses anos".* Enquanto ele falava, sua esposa pegou uma caixa de lenços para enxugar suas lágrimas. Foi uma cena comovedora.

Quando terminaram, eu pedi a cada um para que expressasse palavras de perdão ao outro. "Eu lhe perdoo por estas coisas" era suficiente, articulando aquelas palavras enquanto fixavam seu olhar no outro, para contemplar a sinceridade e o amor que se podia ver ali.

Terminamos a sessão e cada um admitiu que ainda tinha muito trabalho pela frente, mas que agora estavam bem encaminhados. Sílvia compreendeu que Geraldo descontava nos filhos quando sentia que ela se distanciava dele. Ela se deu conta de que se observasse ele tratando mal aos filhos, ela tinha que examinar a relação deles como casal e descobrir onde estava o problema em vez de cair no velho costume de culpar o esposo. Ele ratificou, timidamente, que era assim mesmo quando ela o confrontava diretamente. *É isso mesmo... eu fico pensando, para quê fico fazendo tanto esforço, se faço tudo o que sei para agradá-la, e, mesmo assim, quando erro, você ouve o meu pedido de perdão, mas continua emocionalmente distante.*

Sílvia entendeu que havia mantido expectativas irrealistas em relação à conduta de seu esposo. Eu perguntei para ela: *Você está esperando que nunca mais ele vai levantar a voz?* Ficou pensando por um minuto e logo confessou que sim, que ela desejava um marido perfeito e admitiu que suas expectativas não eram realistas. Conversamos sobre o que seria uma expectativa realista neste caso, e ela concordou em aceitar qualquer pedido de perdão por parte dele, sabendo que ele poderia equivocar-se outra vez, mas que sua intenção e seu propósito era de melhorar cada vez mais o relacionamento entre os dois.

Falamos da possibilidade de ir a um sacerdote para pedir a benção sobre seu casamento ou renovar seus votos matrimoniais, algo que ambos sentiram que era importante. Concordaram em ver como poderiam fazer isso.

Concluindo...

Muitos relacionamentos conjugais se estancam devido à falta de perdão. Como terapeutas, eu creio que nós somos chamados a ajudar as pessoas a saírem desse estancamento e encontrar uma forma de facilitar o perdão na sua relação. Os terapeutas devem ser ministros de reconciliação que estruturam situações onde o perdão e a reconciliação possam ocorrer, especialmente nos casamentos, a unidade básica da vida familiar por desígnio de Deus.

É importante aclarar algumas coisas ao utilizar essa técnica. Não queria que o casal compartilhasse entre si coisas dolorosas que haviam enfrentado no passado, pois a tendência seria focar no negativo e poderia surgir a velha amargura e os ressentimentos. Ao contrário, queria ajudá-los a soltar aqueles sentimentos. Ao enfatizar o perdão por um só lado, aclaramos que *Eu posso perdoar a outra pessoa ainda que não tenha me pedido perdão.*

Esse é o modelo de Deus para conosco. Em Cristo Jesus, Ele nos perdoou primeiro.

Por outra parte, ao pedir perdão a nosso cônjuge pelo que fizemos contra ele ou ela, cumprimos com várias tarefas:

1.   Todos necessitamos aprender como nos humilhar. Li uma certa vez um livro por Thomas Dobson (que me emprestou um amigo, cujo título eu não consigo lembrar) uma definição de humildade que eu gravei na mente: *Humildade significa saber a verdade a respeito de si mesmo.* Ao pedirmos perdão, nos humilhamos a nós mesmos e proporcionamos a nosso cônjuge e a nós mesmos uma medida de realidade que significa: *Não sou perfeito. Cometo erros, mas te amo tanto que estou disposto a reconhecer minha debilidade e minhas imperfeições para melhorar nosso relacionamento.*

2.   O fato de confessar pecados específicos indica que reconhecemos que estamos conscientes da dor que causamos. Um pastor missionário, David, com quem trabalhei, me disse que a diferença entre a convicção do Espírito Santo e os ataques do inimigo, era que o Espírito Santo costumava ser

extremamente específico ao convencer-nos do pecado. Este é o modelo que devemos imitar.

3.   Pedir perdão é, por sua vez, uma forma de demonstrar o compromisso que uma pessoa tem com o relacionamento. *Eu te amo tanto que estou disposto a humilhar-me e fazer tudo o que seja necessário para manter nossa relação.*

4.   O perdão é o "azeite" dos relacionamentos. Todos nós erramos (e às vezes mais) com as pessoas que estão mais próximas e com quem temos mais intimidade. Sem o perdão, os "rolimãs" da relação se gastam e paralisam a relação. O perdão a mantém andando suavemente e lubrifica a engrenagem das relações.

Por haver compartilhado com o casal esse simples e, ao mesmo tempo, poderoso exercício, pude proporcionar um modelo para interações futuras. Podem levá-lo à sua casa e aprender a pedir perdão diariamente: *não deixar que o sol se ponha sobre nossa ira* ou sobre a falta de perdão, já que a ira facilmente nos leva à amargura e ao ressentimento. Este casal pôde compreender isso e se comprometeram em manter as contas curtas entre si.

Quando uma criança sofre um abuso sexual...

Eu acredito que uma das coisas mais difíceis de se enfrentar é o abuso sexual de uma criança, tanto como terapeuta, quanto como pai ou mãe. Isso sem falar no sofrimento enorme da criança. O efeito é muito devastador, porque a criança aprende como são os "seres humanos" através das experiências que têm com as pessoas, em geral, com os familiares. Um dos fatos mais aterradores é o número de crianças que são abusadas por familiares ou conhecidos da família. A nossa tendência é de pensar que gente estranha agarra a criança desprotegida e faz isso. Mas as estatísticas não sustentam esta ideia. A verdade é que geralmente é alguém da família: pai, tio, irmão, avô, padrasto ou algum vizinho.

Tampouco é verdade que é apenas "curiosidade sexual" e que isso não deixa traumas. Eu tenho ouvido uma procissão de pessoas (homens e mulheres) que compartilham as lembranças de infância que choram ainda da dor desta violação que sofreram e os resultados disso na sua vida adulta. Ignorar os fatos não ajuda ninguém: o inimigo adora fincar seus ganchos nos segredos da nossa vida e usa suas mentiras para nos enganar e nos manipular. Ele sussurra coisas do tipo: *Ninguém vai gostar de você por causa disso. Você é suja(o). É tua culpa - você fez algo para merecer este tipo de tratamento*, e assim por diante...

O que fazer quando nos damos conta que uma criança foi abusada sexualmente? A criança pode sofrer muito, mas se a situação for bem manejada, também pode se recuperar e viver uma vida tranquila.

Fale com calma com a criança. Não a assuste mais ainda. Não queremos re-traumatizá-la pelas nossas ações ou atitudes. Pergunte o que aconteceu, assegurando-a de que você quer ajudá-la e por isso precisa dos fatos. É importante que ela entenda que não vai ser castigada por contar, especialmente levando em consideração que o perpetrador muitas vezes ameaça a criança com castigos se ela contar a verdade. É parte do enredo...

Acredite no que ela diz. A criança não tem para quê mentir sobre uma coisa assim. Como mãe ou pai, pergunte o suficiente para entender o que aconteceu e busque ajuda profissional: um pediatra que tenha experiência em lidar com crianças e um terapeuta infantil. Há terapeutas que às vezes têm uma boneca(o) com os órgãos genitais onde a criança pode mostrar o que foi que lhe aconteceu em vez de contar. É possível que a criança não tenha as devidas palavras no seu vocabulário para explicar o que aconteceu, e mostrando na boneca facilita a conversa.

Quem sabe o mais doloroso para a criança pode ser a reação dos pais: a mãe que não acredita que o marido fez isso com a filha(o); ou uma reação rude, de fúria, em relação ao que aconteceu, mas que a criança entende que é contra ela; "inspeções corporais" nas partes privadas da criança que são feitas sem sensibilidade ao que está ela sofrendo.

Já ouvi pessoas que disseram que o que aconteceu depois foi pior do que o abuso sexual.

Assegure a criança de que a culpa não é dela. E não é. Uma criança *nunca* pode ser responsabilizada pelo abuso sexual perpetrado por um adulto contra ela. Não há NADA neste mundo que possa justificar algo assim. Às vezes pensam que poderiam ter feito algo para evitá-lo, mas não é verdade.

Permita que a criança fale sobre isso sempre que quiser. Por ser tão doloroso para os pais, a tendência é querer evitar tocar no assunto. Mas permita que a criança fale, porque faz parte do seu processo de recuperação. Se ela precisa chorar, deixe que chore: o "veneno" das lembranças sai pelas lágrimas.

Uma das coisas mais difíceis de lidar na recuperação do abuso sexual é o fato de haver emoções ambivalentes. Às vezes a única atenção que a criança recebia de algum adulto era através do abuso sexual; então ela "aguenta" essa parte por receber a outra. Também acontece que a criança pode sentir algum prazer durante a experiência de abuso sexual. Isso é normal. Quando Deus criou nossos corpos, fez que com certas partes respondessem ao toque erótico, não importando de quem viria ou de que forma viria. Já ouvi muitas pessoas morrerem de vergonha e culpa ao confessar que pensavam que não tinha sido abuso sexual porque tinham sentido prazer. Por isso eu pergunto:

- *Quando você corta uma cebola, o que acontece?*

- Eu choro.

- Você chora porque está deprimida?

- Não, choro por causa da química da cebola.

- Pois nosso corpo reage da mesma maneira. Porque sentiu prazer não significa que não foi abuso. O corpo apenas respondeu da forma normal. Anormal é ser abusado...

Outro mito é que porque não houve penetração, não houve abuso. Qualquer toque indevido é abusivo. Conheço casos de mulheres onde algum familiar lhe passava a mão nas pernas, nos órgãos genitais ou nos seios, e pensavam: *Bom, não foi abuso porque não houve penetração.* Mas os sentimentos de se sentirem abusadas, violentadas ou sujas estão presentes, e coloriram toda a sua forma de relacionar com o mundo a partir de então.

Além do mais, abuso poder ser visual – quando as pessoas miram de forma abusiva, com lascívia. Ou verbal, quando se fala coisas abusivas, de cunho sexual, algo que infelizmente acontece muito comumente, e as pessoas não se dão conta de que se trata de abuso verbal. Quantas vezes passa uma moça na calçada e um homem lhe diz coisas indevidas? Isso é abuso verbal.

Se a pessoa que cometeu o abuso mora em casa, é IMPRESCINDÍVEL que sejam separados. Isso significa que os pais talvez tenham que se separar, ou tenham que separar os filhos, especialmente quando se trata de casos de adolescentes. Com crianças pequenas, elas não têm defesa contra um adulto. Precisam que os adultos a protejam. Às vezes se sentem culpadas porque "papai não mora mais em casa", mas precisam entender que ele está fora porque ela precisa de proteção e ele precisa de tratamento. Lamentavelmente, o índice de reincidência para pedofílicos (adultos que sentem atração sexual por crianças) é muito alto. Por mais que prometam que não vão voltar a fazer isso, as estatísticas e a prática ensinam o contrário.

Nos Estados Unidos, onde estive desenvolvendo a prática clínica, é obrigatório por lei informar às autoridades quando há uma suspeita de abuso de crianças, quer abuso físico ou sexual, ou negligência. O não informar às autoridades implica em perder o direito da prática clínica, se for descoberto. O Departamento de Serviços Sociais faz uma investigação e, se comprovados os fatos, as crianças são encaminhadas a tratamento e o(a) perpetrador(a) é acusado(a) e processado(a) criminalmente. Com a Lei de Megan, também é obrigatório avisar aos vizinhos quando um comprovado perpetrador infantil vai morar em qualquer lugar, para que os pais possam saber que têm que cuidar dos seus filhos.

Busque tratamento adequado. A psicoterapia pode ajudar muito. Oração também. Oração pela "cura das lembranças" feita de forma responsável e íntegra também pode ser muito positivo. Outra forma de ajuda eficaz se chama EMDR – Eye Movement Desensitization and Reprocessing (Dessensibilização e Reprocessamento por meio de Movimentos Oculares). Entende-se que quando somos traumatizados, essa lembrança, em vez de ser processada normalmente durante o sono como são as nossas lembranças diárias, não consegue ser "digerida" e fica na (in)consciência até a nível neurológico. Ao imitar os movimentos oculares com movimentos bilaterais enquanto a pessoa pensa na lembrança, o processamento começa de novo e a pessoa consegue finalmente digerir o fato e arquivá-lo no computador da memória. Os resultados têm sido impressionantes. Atualmente já é reconhecido pela Organização Mundial de Saúde como tratamento eficaz para traumas. Já existem milhares de terapeutas EMDR formados no Brasil que oferecem este tipo de psicoterapia. (www.emdrtreinamento.com.br e www.traumaclinic.com.br)

Finalmente, evite o abuso sexual dos seus filhos. Ensinem a eles que há partes dos seus corpos que são "íntimas" e que isso significa: "não toque". Pergunte a seus filhos de tempos em tempos, mesmo quando são pequenos, se alguém os tocou de forma indevida. Ensinem pelo exemplo que há liberdade e confiança para falar dessas coisas. Há livros que podem ajudar a instruir crianças, mesmo com 3 ou 4 anos, a se protegerem. Se a criança sabe que este tipo de toque não é apropriado, pode reclamar ou fazer um "fiasco" grande o suficiente para espantar o perpetrador em potencial que precisa do segredo para poder agir; ou buscar a ajuda de um adulto de confiança.

Imitando a Cristo

I Coríntios 11:1 - *Sede meus imitadores, como também eu, de Cristo.*

A imitação é um dos aspectos fundamentais na criação dos filhos. Nossos filhos são radicalmente obedientes. Eles vão obedecer muito mais ao que somos do que àquilo que falamos. Eles obedecem às nossas ações, mas também obedecem às nossas palavras, por isso muito cuidado. Se você disser para seu filho "você não vale nada!", não se surpreenda com as más companhias dele. Se você disser para sua filha que ela é burra, não se surpreenda com suas notas escolares.

Sabemos que as palavras têm poder de vida e morte. Que palavras você diz para seus filhos? Quais as palavras que você dirige a seu cônjuge? São palavras de benção ou de maldição? Uma vez me comentaram que no Céu tudo que se diz acontece imediatamente. Afinal, bastou o Senhor falar que o mundo foi criado, bem como tudo o que está nele. Se as suas palavras se cumprissem instantaneamente, o que fariam na vida das pessoas que você ama?

Quando nossos filhos crescem e precisam sair de casa, é importante dar dois dons para eles: **a permissão de ir embora e a bênção.** Muitos pais dão a permissão, mas não dão a bênção, e outros fazem o contrário. É importante que eles possam receber as duas coisas para ser bem-sucedidos na sua saída. Assim como abençoamos a sua entrada na nossa vida família, é importante abençoá-los na transição para a nova vida.

Que nossos filhos nos imitem no pouco, no pequeno. Jesus nos ensinou que devemos ser fiéis no pouco para que o Senhor pudesse nos encarregar de maiores tarefas. Quer saber como você é como mãe ou pai? Entre no quarto dos seus filhos de três ou quatro anos quando estão brincando de casinha. Você vai ver nos mínimos detalhes. Eles vão tratar seus brinquedos, suas bonecas, igualzinho como você os trata. Seja fiel nos detalhes, no pouco, porque eles estão olhando... e imitando.

Quando se tornam adolescentes, nossos filhos nos imitam também nos gestos, no tom de voz, no palavrório e até em nossas atitudes no trânsito! Eles percebem como olhamos as outras pessoas, se com carinho, com raiva ou com lascívia. Eles percebem.

Quais são os hábitos em casa que vocês estão passando? Os hábitos em relação à comida e alimentação? A hora de comer é um momento de compartilhamento? Ou há brigas e silêncio ressentido? Você está ensinando seus filhos a comer de forma saudável? Somos responsáveis pela saúde deles e se queremos que vivam muito devemos nos esforçar em implementar boas formas de se alimentar. Até porque os pais precisam viver muito para poder ver as outras gerações! Temos bons hábitos de limpeza e higiene? Há um ditado em inglês que diz, *cleanliness is next to godliness*. Significa que a limpeza anda junto com a santidade. Para sermos santos precisamos ser limpos também, fisicamente e de coração.

Quando chegam os problemas na nossa vida, como lidamos com isso? E os conflitos? E quanto às adversidades? A promessa que Jesus nos dá, que ninguém quer é: *neste mundo teremos aflições*. É verdade. Ninguém passa pela vida isento dos problemas, mas o segredo de viver feliz em todas as circunstâncias é a confiança no Senhor. Nossos filhos nos veem lendo a Bíblia? Quem sabe umas das lembranças mais preciosas que eu tenho é da minha bisavó lendo a Bíblia na casa da minha vó. Lembro do meu avô cantando os corinhos de louvor pela casa. Eu aprendia a cantar errado porque ele era super desafinado! (Imitando, né?). Mas considero isso uma das grandes bênçãos da minha infância e juventude. Lembro dele nos reunir para orarmos antes de viajar. Lembro dele chegar em casa de noite, feliz porque as pessoas para quem ele tinha pregado o Evangelho na roça tinham feito uma decisão pelo Senhor. Lembro... e ainda me inspiram essas lembranças. Aprendi a lidar com dinheiro porque ele nos ensinava os preceitos bíblicos no seu exemplo e citando o livro de Provérbios.

Nós podemos escolher como vamos viver diante dos nossos filhos. Se você não quer que seus filhos vivam como você está, há tempo de mudar de vida!

1. **Faça uma avaliação da sua vida.** Peça para Deus lhe dar revelação das coisas que precisam mudar. Tome a decisão de mudar aquilo que Deus lhe mostrar.

2. **Decida mudar de hábitos.** Tudo que se faz por 30 dias vira hábito. Mude um hábito de cada vez, e depois associe um novo hábito.

3. Se você tiver dificuldade com as mudanças, pode estar ligado a experiências difíceis do passado. **Peça a Deus que cure seu coração,** sua alma e liberte você para poder oferecer um exemplo melhor.

4. **Procure exemplos apropriados a imitar.** Podemos escolher a quem queremos imitar. Procure ao seu redor as pessoas que lhe inspiram a ser mais como Jesus.

5. **Estude a vida de Jesus** para que possa imitá-lo cada vez mais! Melhor Exemplo não há! Leia os Evangelhos e implemente na sua vida.

6. **Ore pelos seus filhos.** Gaste tempo com eles. Peça perdão quando necessário. Nada substitui o tempo que gastamos com eles. Ore com os seus filhos quando eles estiverem dormindo. Ore em voz alta para que o seu espírito possa ouvir e absorver suas palavras de benção.

A Igreja Como Comunidade Terapêutica

Acho que uma das mais belas imagens que temos na Bíblia é a que nos está descrito em I Coríntios 12:12-27, que fala da Igreja como o Corpo de Cristo. Desta imagem vem o conceito da Igreja como Comunidade Terapêutica, uma comunidade que deve ter saúde e deve poder oferecer ajuda às pessoas ao seu redor. Examinemos alguns requisitos para que a igreja, de fato, possa ser terapêutica.

A Unidade

Este texto com a sua imagem de corpo nos diz muitas coisas. Em primeiro lugar, um corpo tem que ser unido e tem que ser uma união funcional. Creio que existe uma união, quer queiramos, quer não, no Corpo de Cristo, porque somos batizados numa só fé e temos somente um Senhor, Jesus Cristo. Muitas igrejas, na história e no presente, tentam fazer juízos sobre quem são verdadeiros cristãos ou não. Mas o mesmo Espírito Santo nos selou a todos (II Coríntios 1:22) e somente Deus pode julgar os nossos corações. Existe uma união de fato: da mesma maneira que a mão não pode dizer ao pé que não faz parte do Corpo, eu não posso dizer ao meu irmão que ele não faz parte do Corpo de Cristo simplesmente porque tem algumas ideias diferentes da minha.

Não basta que estejamos ligados por "força das circunstâncias". Quando nascemos de novo, nascemos no Corpo de Cristo. O parto desemboca na Igreja, por assim dizer. Mas é necessário uma união funcional, ou seja, uma união que funcione na prática. Temos muitos exemplos na vida a respeito de corpos que não funcionam bem, lamentavelmente. Algumas pessoas nascem assim, como os que têm paralisia cerebral ou outros distúrbios neurológicos que não permitem o bom funcionamento e coordenação dos seus movimentos. Outras pessoas passam a ter dificuldades com seu corpo como resultado de enfermidades ou acidentes. Todos já vimos os que tiveram que ir para cadeira de rodas ou viver acamados por estas razões.

A Saúde

A igreja deve ter saúde. O Espírito Santo é são, curador, perfeito em todo conhecimento, mover e afeto. Este é o Espírito que habita em Sua Igreja. A Igreja do Senhor deve ser uma igreja sã.

O bebê quando nasce geralmente nasce com saúde. Os cuidados da sua família fazem com que siga com saúde, alimentando-se e crescendo, desenvolvendo suas características humanas e esbanjando alegria para todos ao seu redor.

Quando nascemos do Espírito, também devemos crescer em toda graça e dom de Deus espiritualmente, desenvolvendo o fruto do Espírito Santo nas nossas vidas, tanto do ponto de vista individual, quanto comunitário. Todos conhecem a alegria, o zelo e o entusiasmo do novo cristão, o seu "primeiro amor". Reconhecemos sua necessidade de "leite" espiritual, mas que posteriormente deve começar a alimentar-se da "carne bíblica" para que possa amadurecer como cristão. Não esperamos de novos cristãos certas atitudes e conhecimentos que os que já andaram na fé muitos anos devem ter.

Meu receio é o fato de que muitas igrejas se preocupam somente em converter as pessoas. Isto é uma tarefa necessária e chamado de toda a Igreja, mas a comunidade que somente oferece leite a seus membros, em breve estará anêmica, e vulnerável a doenças infecciosas (heresias e crenças distorcidas). A Igreja não pode ser apenas parteira.

Para que a Igreja tenha saúde é preciso que amadureça em todas as suas áreas: espiritual, psicológica, social e economicamente. Muitas igrejas se preocupam apenas com o que é espiritual. Outras, apenas com o que é social. Ainda outras, somente com o psicológico, ou com a construção do templo. O Corpo não poder ser apenas alma, porque ninguém O verá. Não pode ser apenas cabeça porque não poderá mover-se. Não pode ser apenas perna porque não terá quem lhe dê boa direção. Precisamos de todas as partes do Corpo e temos que crescer em direção à maturidade e união funcional.

Limite

O Corpo é um objeto delimitado: tem fronteiras. Há um lugar onde começa e um lugar onde termina. Uma das grandes etapas na psicologia do desenvolvimento pela qual todos passamos é um determinado momento depois de uns meses que nascemos onde somos capazes de delimitar o que é *meu* corpo, *me* pertence, e o que é fora do meu corpo, minha mãe, minha família, o berço. A Igreja precisa ter noção do que é igreja e do que não é igreja; o que deve estar "dentro da igreja" e o que deve estar "fora da igreja". É verdade que temos que discernir, mas isto é dom de Deus e deve ser feito com cuidado e com amor. Muitos tentam jogar fora as pessoas da igreja, em vez de jogar fora conceitos e ideias que envenenam o Corpo. Precisamos discernir bem.

Existe uma outra forma de limite que temos que respeitar que é o limite da ação. Como pais, devemos colocar limite nos nossos filhos. Deus frequentemente nos põe limite. Segundo Dr. Osvaldo Di Loreto, psiquiatra infantil de saudosa lembrança, o "não" é o primeiro ato político da criança. O "*não*" é saudável desde que também haja "sim", mas os dois não devem se confundir. Jesus nos deixa muito claro que o nosso *não* deve ser *não*, e o *sim* deve ser *sim* (Mateus 5:37). O *não* é importante porque nos dá o limite e pontua toda tentativa de onipotência. Há coisas que *não* podemos fazer, que não podemos ser. Somente Deus pode ser tudo para todos. O limite acaba com os nossos sonhos messiânicos, nos mantêm humildes e dependentes do Senhor.

Por outro lado, é o *sim* que nos confirma. Jesus é o *Sim* de Deus e nEle se cumprem todas as promessas de Deus (II Coríntios. 1:19,20). O *sim* de Deus é a nossa confirmação como membros do Corpo de Cristo.

Afeto

Muito se fala do amor. É uma palavra que vem perdendo seu sentido real. Todo mundo fala do amor, mas a definição parece estar na cabeça de cada um.

Jesus nos falou muito do amor, do afeto. Mais que falar, viveu o amor que nos descreve Paulo em I Coríntios 13. Parece que o amor que sacrifica perdeu seu sentido na nossa cultura. "Amor" significa simplesmente o que cada um tem vontade, especialmente no campo sexual. Mas não é este o amor de Cristo.

O afeto é algo fundamental na vida de cada pessoa. Sem o amor, se morre, literalmente. Há estudos com bebês que recebiam tudo que precisavam, mas ninguém os pegava no colo nem lhes dava carinho. Entravam em depressão e morriam.

A falta de amor mata. A igreja é relevante na medida em que ela ama e oferece amor. Este é o grande trunfo da igreja: *que amamos porque Ele nos amou primeiro*. Nós temos uma mensagem, uma vivência real e significativa a oferecer, uma mensagem que é literalmente a diferença entre a vida e a morte.

Aprendi nos estudos de psicologia que toda criança precisa de duas coisas fundamentais para poder se desenvolver de forma sadia: limite e afeto. É o que a Bíblia nos ensina; e não apenas é necessário para as crianças, mas para os adultos também. Dentro de todos nós vive uma criança que precisa de amor e carinho.

Lamentavelmente, não é este o quadro que vemos em muitas igrejas. Como psicoterapeuta, passei muitos anos escutando os cristãos no consultório. Muitos compartilhavam coisas no meu confessionário que não tinham a coragem de contar ao pastor ou a outra pessoa na igreja com medo da rejeição. É motivo de preocupação a falta de amor e aceitação que faz com que irmãos e irmãs não tenham coragem de se abrir na igreja.

A Diversidade

Creio que há uma tensão dinâmica no conceito da unidade e diversidade que teremos que examinar. Por um lado, temos que ter unidade. Por outro, somos diferentes e esta diferença é um dom de Deus. Foi de propósito que Deus nos criou diferentes uns dos outros; não se trata de erro da parte Dele.

Há muitos anos li um livro sobre o matrimônio chamado "A Diferença Faz a Diferença". Este autor alegava que os casais eram atraídos por suas diferenças, sua complementariedade consistia justamente nestas diferenças. O autor justificava que não há "incompatibilidade de gênios"; simplesmente os casais mudavam de percepção sobre as suas diferenças. No início, o fato de que o outro era diferente era algo percebido como algo que enriquecia a relação. Com o tempo, virava chateação, ou pior, orgulho. A mensagem subliminar de um ao outro era que "a minha forma de fazer as coisas é melhor que a sua...", e por aí começavam as brigas.

O matrimônio é uma imagem muito utilizada na Bíblia para descrever a relação de Deus com a sua igreja. Esta é a Noiva de Cristo e, como igreja, caminhamos em direção à consumação das Bodas do Cordeiro. Como Corpo, também somos muito diferentes uns dos outros. Precisamos ter a visão de que nossas diferenças devem enriquecer o Corpo e não servir de elemento de contenda. Quantas igrejas se dividiram pela falta de compreensão de suas diferenças! E cada vez que dividimos o Corpo de Cristo, Ele sangra.

Reconciliação

O nosso chamado é ao ministério da reconciliação: entre as pessoas e Deus através de Jesus, e entre os seres humanos (II Coríntios 5:18). Nosso chamado como Igreja é à reconciliação, não à discórdia. Devemos espelhar a paz de Cristo entre nós, no nosso viver, pensar e agir.

Deus dá a cada um os seus dons e ministérios. Todos os cristãos recebem dons de Deus, talentos humanos e espirituais, para o bom desenvolvimento dos seus ministérios, para que o Corpo de Cristo esteja completo e capaz de toda boa obra. Diferentes pessoas recebem diferentes dons. Uns são chamados a ser pé, para dar ao Corpo equilíbrio e movimento. Outros são chamados a ser mãos, para servir e dar afeto. Outros são chamados a ser coração, para que possam sentir e compadecer-se das pessoas, e manter o corpo funcionando regularmente. Outras pessoas são chamadas a ser a sexualidade do Corpo, de modo que o Corpo possa reproduzir-se quando tenha maturidade. E assim por diante.

Muitas vezes fazemos um exercício descrito no livro *Jogos Dramáticos para Cristãos*[7]. Pedimos que cada pessoa imagine que é uma parte do corpo humano com a qual se identifica. Num quadro grande, onde um corpo humano está desenhado, pedimos que coloquem seu nome num pedacinho de papel e colem na parte do corpo que lhes corresponde. Depois avaliamos onde cada um se encontra e qual sua função no Corpo de Cristo.

Creio que há muitos ministérios de reconciliação que a Igreja pode e deve desenvolver. Há pessoas com todos os dons necessários para tal. Gostaria de compartilhar algumas ideias

---

[7] *Jogos Dramáticos para Cristãos,* Esly Regina de Carvalho,
http://pracadoencontro.com.br/livros.html

sobre ministérios não-tão-convencionais, pois os ministérios tradicionais já são conhecidos de todos.

Casamento, Separação e Divórcio[8]

Não há dúvida de que precisamos fortalecer a família. O número de separações, inclusive entre cristãos, é assustador. O casamento sofre muitas pressões de muitas partes. Como Igreja, devemos lutar para fortalecer os vínculos familiares e fazer com que os nossos membros possam ter famílias modelos da paz de Cristo.

Mas o fato é que muitos estão separando-se. Entre os não-cristãos, este é um fértil ministério. Se as igrejas pudessem oferecer ajuda, consolo e apoio às pessoas que sofreram separações e a seus filhos, em pouco tempo estaria cheia. Cheia de pecadores, é claro, mas ninguém passa de pecador redimido. Afinal, Jesus veio para os doentes e não para os sãos.

As crianças cujos pais se separaram sofrem muito. Mesmo naqueles casos onde a separação é o menor dos males, todos sofrem. É um momento onde muitas pessoas estão abertas ao Evangelho. Se a Igreja se dispusesse a oferecer reuniões para os

---

[8] *Quando o Vínculo se Rompe*, Esly Regina de Carvalho, Editora Ultimato, http://pracadoencontro.com.br/livros.html

"descasados" onde pudessem trabalhar suas vidas à luz do Evangelho, muitos viriam ao Senhor, e com elas e eles, seus filhos.

Grupos de compartilhamento e crescimento emocional (veja a estrutura de *Companheiros de Jugo*[9]) fazem com que as pessoas possam crescer emocional e espiritualmente num ambiente protegido e de compromisso mútuo. Desta forma cresceu a Igreja Metodista nos tempos de Wesley. A necessidade de intimidade com a Família da Fé não diminuiu nos dias de hoje; melhor, aumentou. Andar a segunda milha com as pessoas significa gastar tempo e esforço nas vidas dos outros. Não há atalhos.

Maus-tratos e Abuso Sexual

É impressionante o silêncio sobre este assunto. Creio que a violência doméstica é dos segredos mais bem guardados do mundo. Os cristãos muitas vezes querem crer que isto não acontece nos lares evangélicos. Bela ilusão. Infelizmente ocorre e ninguém quer comentar, na esperança que isto nunca mais

---

[9] Veja os recursos sobre Companheiros de Jugo:
http://pracadoencontro.com.br/companheiros-de-jugo.html

aconteça outra vez. Mas a violência parece ter vida própria, e se repete nas gerações onde não se rompe este ciclo familiar.

A Igreja precisa abrir os braços às pessoas que sofrem de violência doméstica. Casas de Refúgio para onde as pessoas possam ser acudidas na sua necessidade, médicos, advogados, psicólogos, conselheiros e assistentes sociais que pudessem dar a mão, são possibilidades que devemos estudar. A Igreja precisa estar com quem está sofrendo.[10]

O abuso sexual é algo tão difícil de compreender e tão comum que nos assusta. É outro tipo de conduta que se repete pelas gerações. Nos dias de hoje tem crescido de forma alarmante o número de pessoas e crianças que sofrem algum tipo de abuso sexual. Recuperar-se de uma experiência destas é difícil e doloroso, mas a Igreja tem um bálsamo para estas feridas.

Crianças

E por falar em crianças... Jesus ama as criancinhas. Ele tem um amor especial por elas a ponto de ter estabelecido um castigo severo para quem as maltratar. Nossas crianças, nossos jovens

---

[10] Veja o caderno de ajuda para mulheres saindo de situações de violência doméstica: *Saindo Dessa*, Esly Regina de Carvalho. A versão em kindle se oferece gratuitamente na plataforma norte-americana.

são o nosso tesouro para o amanhã. Para quem vamos preparar o futuro se não para eles e elas?

Devemos pensar no número assustador de abortos que se pratica no Brasil, perto de 3 milhões, praticamente todos ilegais. Será que não é tarefa do cristão proteger a vida dos que ainda estão por nascer? Fechamos os olhos às clínicas onde estas coisas acontecem, mas não oferecemos opções realistas às mulheres que se encontram com gravidezes indesejadas, muitas ainda jovens sem ter para onde ir, nem a quem recorrer. Conhecemos vários trabalhos bonitos que se desenvolvem nestas áreas, mas devo confessar que são a exceção entre os ministérios que as igrejas apoiam.

Conclusão

Para concluir, cremos na Igreja como Corpo de Cristo. Cremos na sua relevância para os dias de hoje, cremos que ela tem uma mensagem e uma vivência pertinentes para os tempos modernos. Mas também cremos que é preciso que a Igreja abra seus olhos e veja a necessidade ao seu redor; que levante sua voz profética e denuncie os males que existem e o Grande Bem que é Jesus, bem como sua obra redentora; é preciso agir e intervir terapeuticamente na vida do nosso semelhante – com os da Família da Fé e com os que ainda precisam conhecer ao Senhor. Se não somos uma comunidade terapêutica, falhamos nas coisas mais básicas do cristianismo: o amor, a saúde, o cuidado, a misericórdia, a esperança. Se não podemos conviver em paz entre nós como irmãos e irmãs, como podemos esperar que o mundo creia em nossa mensagem? Jesus disse que seus discípulos seriam conhecidos por seu amor, não por sua doutrina ou teologia. Somente Deus pode derramar do Seu amor em nossos corações. Mas somente a Igreja pode amar o seu próximo com este amor.

Livros da TraumaClinic Edições e
da Praça do Encontro

Leia mais sobre nossos livros em nosso site
www.traumaclinicedicoes.com.br

Oferecemos desconto para aquisição em quantidade para livros
impressos

Para receber mais notícias e aviso de promoções do nosso material,
inscreva-se aqui: http://bit.ly/2wEzW2j

TAL CROITORU

A Revolução EMDR

Tal Croitoru

Caderno de Oração

Esly Carvalho, Ph.D.

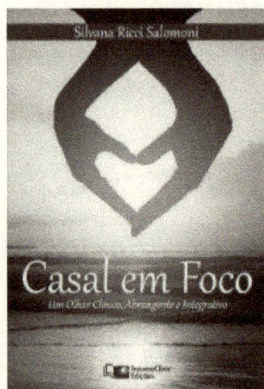

Casal em Foco

Silvana Ricci Salomoni

Companheiros de Jugo

Esly Carvalho, Ph.D.

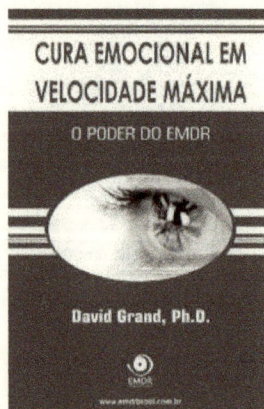

*Cura Emocional em
Velociadade Máxima*

David Grand, Ph.D.

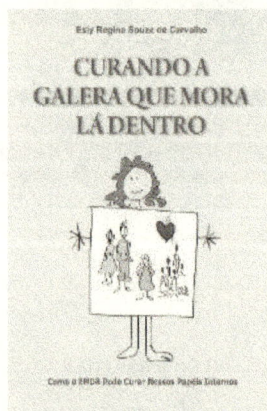

*Curando A Galera
Que Mora Lá Dentro*

Esly Carvalho, Ph.D.

Cure Seu Cérebro:
Cure Seu Corpo

Esly Carvalho, Ph.D.

Definindo e
Redefinindo EMDR

David Grand, Ph.D.

Deixando O Seu Passado
no Passado

Francine Shapiro, Ph.D.

Dia Ruim... Vá Embora!

Ana Gomez, M.C.

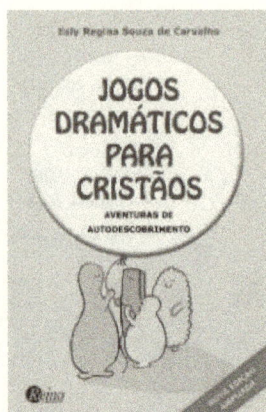

Jogos Dramáticos

Esly Carvalho, Ph.D.

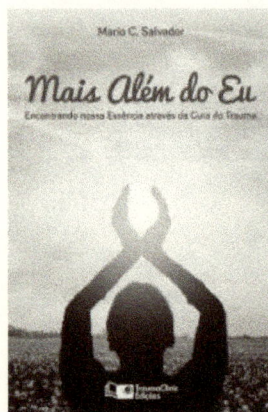

Mais Além do Eu

Mario C. Salvador

Manual de Bibliodrama

Esly Carvalho, Ph.D.

O Cérebro no Esporte

David Grand, Ph.D.

O Mensageiro EMDR

Tal Croitoru

Quando O Vínculo Se Rompe

Esly Carvalho, Ph.D.

Resolva Seu Passado

Esly Carvalho, Ph.D.

Ruptura e Reparação

Esly Carvalho, Ph.D.

Saindo Dessa

Esly Carvalho, Ph.D.

Saúde Emocional e
Vida Cristã

Esly Carvalho, Ph.D.

Trauma e Pós-Parto

Jay Noricks, Ph.D.

www.ingramcontent.com/pod-product-compliance
Lightning Source LLC
Chambersburg PA
CBHW022339280326
41934CB00006B/698